l'encadrement

À Sarah
À Anne, Jean, Pierre, Marie et Ève

Remerciements

L'auteur remercie tous ses élèves, devenus nombreux au fil des années,
et grâce auxquels elle a pu réaliser ce livre. L'auteur remercie Jean Dautet, Aïssa et Andréa Derrouaz.
L'auteur et l'éditeur remercient Mme Fraizeau.

L'auteur et l'éditeur remercient pour le prêt du matériel
ayant servi à la réalisation des photos :

Ets H. Stouls : rue de l'Orme St Germain, 91165 Champlan Cedex
Billebault : La Celle-sur-Loire 58440 Myennes
Jouffroy : 3, rue de la Course 67000 Strasbourg
Memo'Art : 99, rue de Rivoli 75001 Paris
Mokuba : 18, rue Montmartre 75001 Paris

Vert Vous : 91, boulevard Raspail 75006 Paris
Encadr'Aire : 3, rue J.-Hunebelle 62120 Aire-sur-La Lys
François Huertas et Isy Ochoa
Didier Boursin

Conception graphique : Étienne Hénocq
Photographies : Cactus Studio
Relecture : Chantal Barbot
Édition : Corinne Booth
Coordination technique : Isabelle Goulhot
Photogravure : IGS Charente photogravure
Imprimé en France en décembre 2004 par Clerc s.a.s. - Saint-Amand-Montrond
Relié en France par Brun s.a.

l'encadrement

techniques
et secrets

Michèle Dautet

Dessain et Tolra

So m mai re

COMME UN BEAU CADRE AJOUTE À LA PEINTURE,
BIEN QU'ELLE SOIT D'UN PINCEAU TRÈS VANTÉ,
JE NE SAIS QUOI D'ÉTRANGE ET D'ENCHANTÉ
EN L'ISOLANT DE L'IMMENSE NATURE.

BAUDELAIRE

Avant-propos

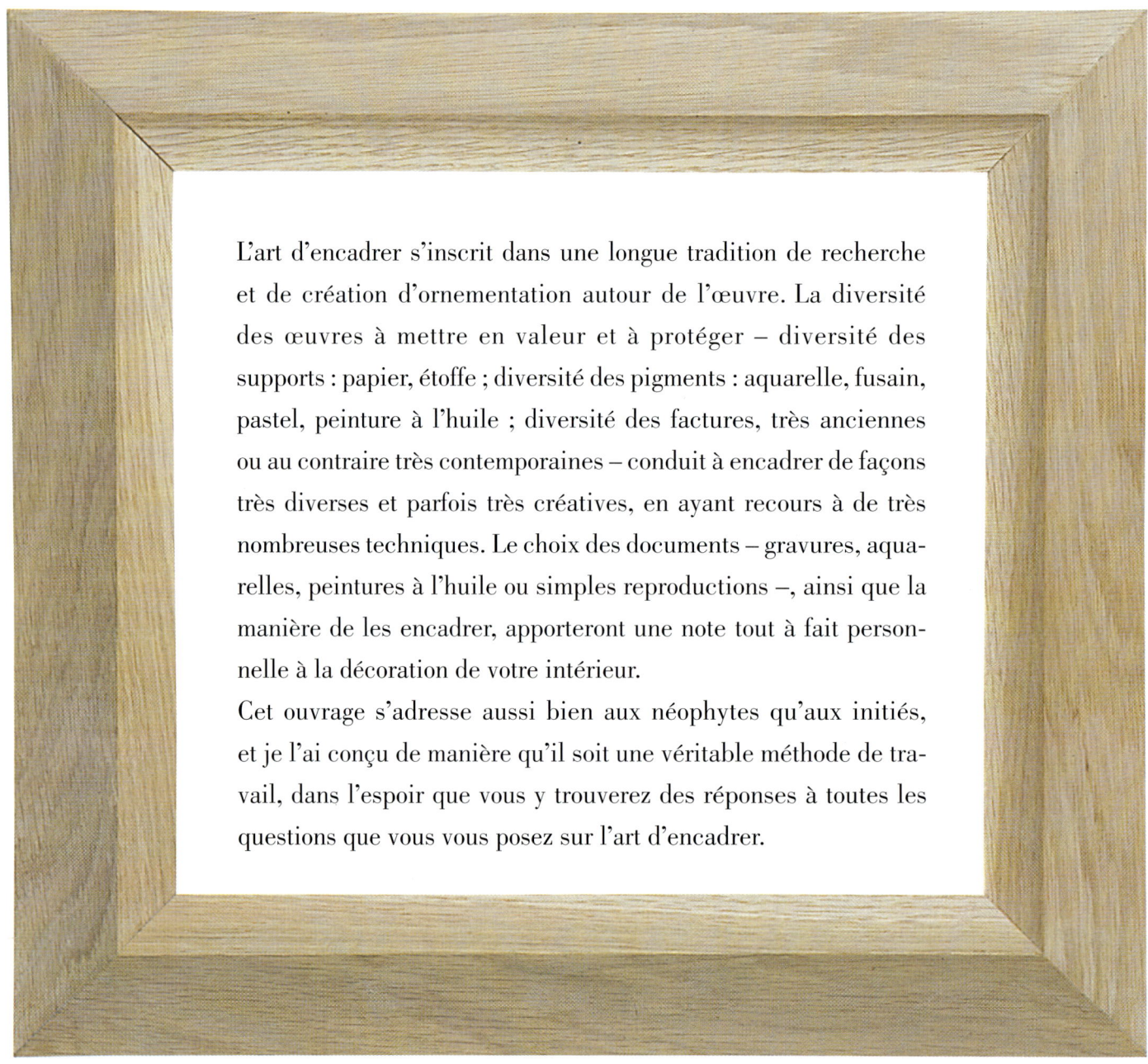

L'art d'encadrer s'inscrit dans une longue tradition de recherche et de création d'ornementation autour de l'œuvre. La diversité des œuvres à mettre en valeur et à protéger – diversité des supports : papier, étoffe ; diversité des pigments : aquarelle, fusain, pastel, peinture à l'huile ; diversité des factures, très anciennes ou au contraire très contemporaines – conduit à encadrer de façons très diverses et parfois très créatives, en ayant recours à de très nombreuses techniques. Le choix des documents – gravures, aquarelles, peintures à l'huile ou simples reproductions –, ainsi que la manière de les encadrer, apporteront une note tout à fait personnelle à la décoration de votre intérieur.

Cet ouvrage s'adresse aussi bien aux néophytes qu'aux initiés, et je l'ai conçu de manière qu'il soit une véritable méthode de travail, dans l'espoir que vous y trouverez des réponses à toutes les questions que vous vous posez sur l'art d'encadrer.

Avant-propos

Vous trouverez au fil des
chapitres le déroulement pédagogique
de diverses techniques, des plus simples aux
plus complexes, rarement transmises pour certaines. Familiarisez-vous avec les techniques générales avant d'aborder les techniques particulières, plus
sophistiquées et donc plus difficiles. Lorsque vous aurez
choisi une technique en fonction du document (voir page 85),
lisez tout le chapitre s'y référant avant de commencer votre
encadrement. L'art d'encadrer est exigeant, il demande minu-
tie et rigueur. Prenez le temps de préparer votre projet grandeur
nature, travaillez avec des gestes précis, équerrez bien vos cartons. C'est alors que vos mains s'empareront des outils avec
aisance et que vous pourrez laisser aller votre imagination.
Choisir couleurs et matières deviendra très vite l'une de
vos plus grandes joies et le prétexte à mille recherches
autour d'un thème ou d'un événement, cueillettes
en tous genres et chasses aux trésors vous permettant de découvrir les innombrables
possibilités de l'encadrement.

1

Techniques générales

QUELLES QUE SOIENT

LES TECHNIQUES DE BISEAU

CHOISIES POUR PROTÉGER

ET METTRE EN VALEUR

LE DOCUMENT,

LE MONTAGE DE BASE

RESTERA COMMUN

À CHAQUE ENCADREMENT.

Outillage

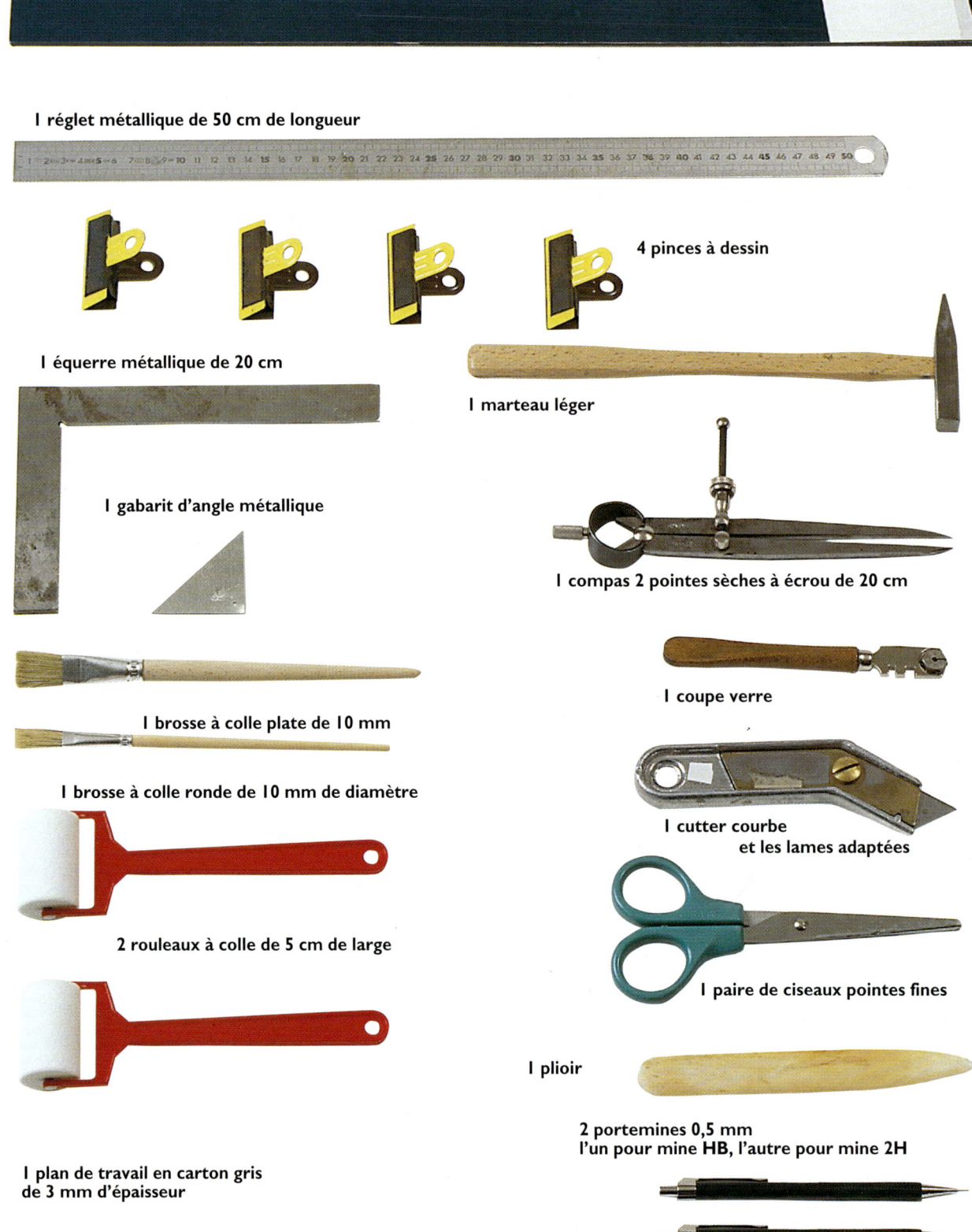

1 règle lourde antidérapante de 80 cm de longueur

1 réglet métallique de 50 cm de longueur

4 pinces à dessin

1 équerre métallique de 20 cm

1 marteau léger

1 gabarit d'angle métallique

1 compas 2 pointes sèches à écrou de 20 cm

1 brosse à colle plate de 10 mm

1 coupe verre

1 brosse à colle ronde de 10 mm de diamètre

1 cutter courbe
et les lames adaptées

2 rouleaux à colle de 5 cm de large

1 paire de ciseaux pointes fines

1 plioir

2 portemines 0,5 mm
l'un pour mine HB, l'autre pour mine 2H

1 plan de travail en carton gris
de 3 mm d'épaisseur

Outillage

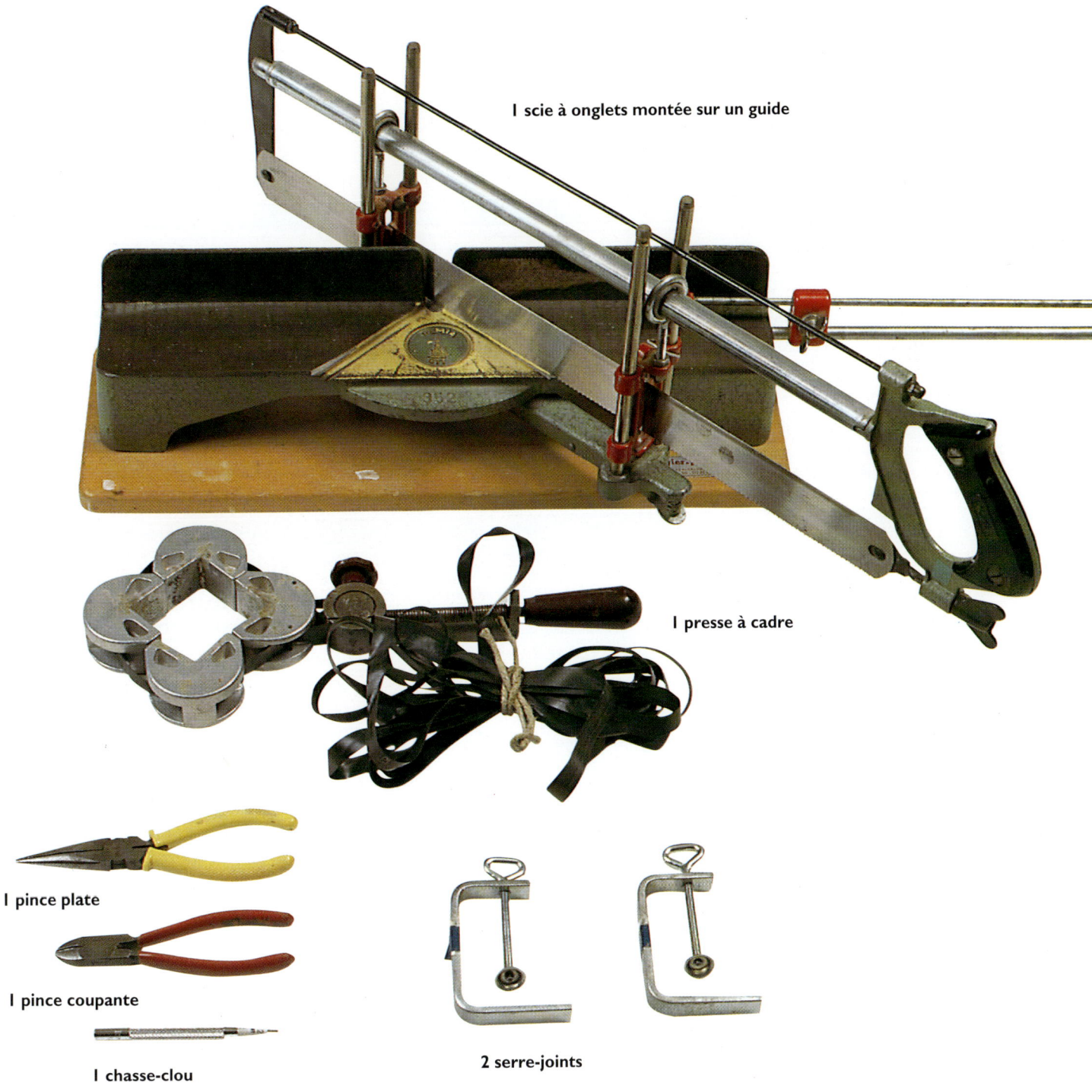

1 scie à onglets montée sur un guide

1 presse à cadre

1 pince plate

1 pince coupante

1 chasse-clou

2 serre-joints

LES MATÉRIAUX DE BASE

LES CARTONS BOIS
Ce sont des cartons «blancs»
- en 2 mm d'épaisseur
pour le carton de fond
de tous les petits formats
(inférieurs à 40 x 50 cm),
- en 3 mm d'épaisseur
pour le carton de fond
des grands formats et surtout
pour tailler les biseaux.

LA CARTE BULLE 7/10ᵉ DE MM D'ÉPAISSEUR À pH NEUTRE
pour fixer les documents
et réaliser les passe-partout.

LE CARTON MOUSSE
Mousse de polystyrène
contrecollée d'une carte sur
chaque face. Très léger,
ce carton permettra de faire
des cales dans des montages
aux superpositions nombreuses.

LA CARTE RIGIDEX GRAMMAGE 180 OU 250
C'est une carte légère, souple,
qui permettra de faire
des sous-cartes,
des doublages de papiers fins.

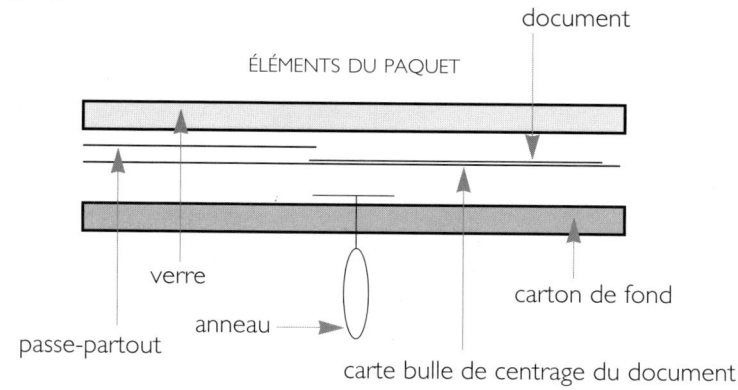

ÉLÉMENTS DU PAQUET

document

verre

anneau

carton de fond

passe-partout

carte bulle de centrage du document

LES MATÉRIAUX D'HABILLAGE

VOICI LES PLUS COURANTS, MAIS IL Y A BIEN D'AUTRES MATÉRIAUX UTILISABLES (LIÈGE, CUIR, ETC.).

LES CONTRECOLLÉS
- en 8/10ᵉ de mm d'épaisseur
pour le passe-partout
traditionnel et le lavis,
- en 15/10ᵉ de mm pour réaliser
le biseau direct.

LES PAPIERS À CONTRECOLLER
Ils se collent sur la carte bulle
pour la réalisation de passe-
partout. Il existe un très grand
choix de papiers aux gammes
de couleurs, aux grains
et grammages très divers,
et aux noms très évocateurs :
- peau d'éléphant,
- papiers nature,
- papiers des Indes,
- papiers japonais,
- papiers bois,
- papiers moire, etc.

LES TOILES MONTÉES SUR UN PAPIER SUPPORT
Elles s'utilisent comme
les papiers pour contrecoller
les passe-partout :
- toiles de Fibranne
  sur support papier,
- toiles velours
  sur support papier,
- moire sur support papier.

LES TOILES LÉGÈRES
Ces toiles d'ameublement,
telles le Vichy, le Liberty,
pourront aussi composer
de très jolis passe-partout.

LES COLLES

COLLE BLANCHE VINYLIQUE pH NEUTRE
Elle s'étale facilement
au rouleau ou à la brosse et
s'utilise pour la plupart
des éléments du paquet
sauf les documents de valeur
car elle n'est pas réversible.

COLLE TYLOSE pH NEUTRE
C'est une colle en poudre
à diluer dans de l'eau.
La préparation de base doit
avoir la consistance d'un gel
qui sera utilisé tel quel pour les
opérations de restauration de
papier (collage de déchirures,
doublage de pièces).
Cette colle ne tache pas
et devient entièrement
transparente en séchant.
En reprenant une fraction
de ce gel et en le diluant
de nouveau à l'eau,

Contrecollés et papiers, ruban kraft gommé, attaches, ruban Bradel, colle

on obtiendra une colle fluide la «Tylose diluée», que l'on utilisera pour certaines détrempes, le nettoyage de gravures, les collages délicats, le défroissage de documents.

COLLE À BOIS À PRISE RAPIDE
C'est une colle vinylique qui servira au montage du cadre.

LE VERRE

Choisissez de préférence du verre en 2 mm d'épaisseur que l'on peut faire couper aux dimensions requises chez les fournisseurs ou couper soi-même à l'aide d'un coupe-verre imbibé de pétrole.

LES ATTACHES

- Anneaux de Saumur n°3.
- Anneaux à riveter pour les grands formats et les cadres lourds.
- Tournettes et vis pour cadres démontables.
- Tourniquets pour fixation de châssis de peintures à l'huile dans la moulure.
- Pitons ronds fermés à fixer dans la moulure lorsqu'on ne peut pas poser d'anneaux dans le carton de fond.
- Ruban Bradel : tresse de lin de 1,5 cm de large pour fixer l'anneau au carton de fond.
- Kraft gommé brun de 2,6 cm et 4,8 cm de large pour fermer le paquet et le remborder

dans le cadre.
- Kraft gommé blanc de 2 cm de large pour tendre le document sur la carte de centrage.
- Pointes sans tête, fines, de 3 longueurs (1,5 cm, 2 cm et 2,5 cm) pour fixer le paquet dans le cadre.

CALCUL DE LA FENÊTRE-IMAGE

LA FENÊTRE-IMAGE (FI) EST L'OUVERTURE TAILLÉE DANS LE PASSE-PARTOUT. ELLE DOIT RECOUVRIR LE DOCUMENT DE QUELQUES MILLIMÈTRES.

▶ **Le document est sans marges** (ou les bords ne présentent pas d'intérêt) :
la fenêtre-image va recouvrir le document de 0,2 à 0,5 cm tout autour.

▶ **Le document est entouré d'une cuvette** (empreinte de la plaque de cuivre dans le cas d'une gravure) :
il faut dégager la cuvette tout autour du document de 0,5 à 1,5 cm.

▶ **Le document est numéroté et signé :**
il faudra dégager l'espace de la signature et le numéro de tirage. La hauteur de ce dégagement sera divisée par 1,5 pour trouver la valeur à donner au dégagement des trois autres côtés du document.

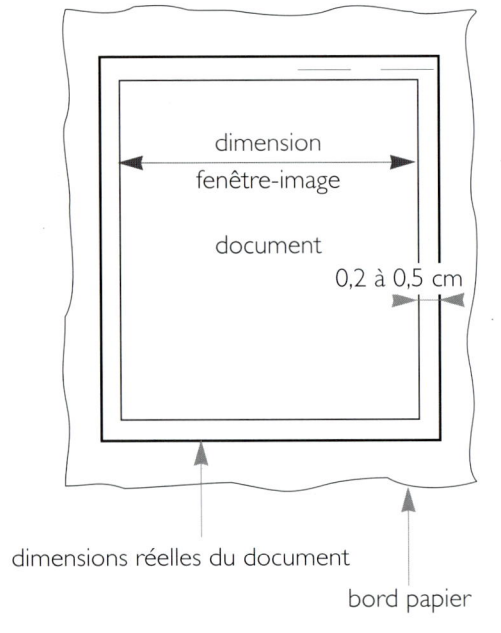

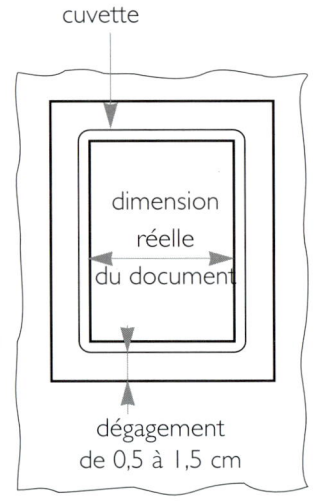

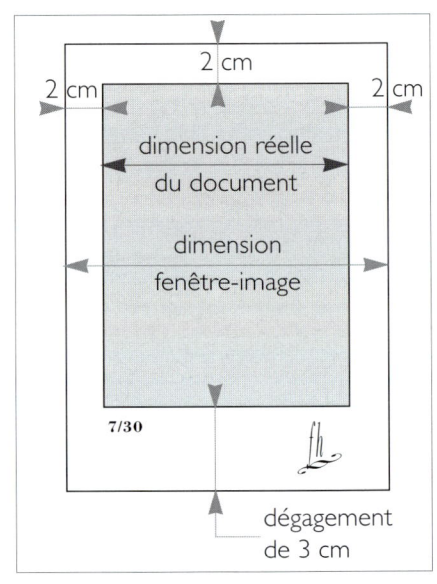

Exemple :

dimensions réelles : 15 x 20 cm

Dimensions FI :
$$15 - 0,5 = \mathbf{14,5\ cm}$$
$$20 - 0,5 = \mathbf{19,5\ cm}$$

Exemple :

dimensions réelles : 15 x 20 cm
dégagement de la cuvette : 1 cm

Dimensions FI :
$$1 + 15 + 1 = \mathbf{17\ cm}$$
$$1 + 20 + 1 = \mathbf{22\ cm}$$

Exemple :

dimensions réelles : 15 x 20 cm
dégagement côté signature : 3 cm
valeur du dégagement
sur les trois autres côtés :
3 cm : 1,5 = 2 cm

Dimensions FI :
$$2 + 15 + 2 = \mathbf{19\ cm}$$
$$2 + 20 + 3 = \mathbf{25\ cm}$$

CHOIX DE LA MARGE

LORSQUE LA FENÊTRE-IMAGE EST DÉTERMINÉE, LE CHOIX DE LA MARGE NOUS PERMETTRA D'ÉTABLIR LES DIMENSIONS À DONNER À TOUS LES ÉLÉMENTS DU PAQUET.

En dessous d'une marge de 3 cm, l'encadrement sera étriqué. La marge varie souvent entre 5 et 8 cm, mais des marges de 10 à 12 cm sont intéressantes, surtout si l'on ajoute un décor sur le passe-partout ou des superpositions de biseaux. Les marges du passe-partout ne sont pas toujours égales entre elles : pour un document ayant un horizon très marqué, il sera notamment intéressant d'accentuer cet horizon par des marges latérales plus importantes.

Avant de vous décider, faites un gabarit sur un papier brouillon. Découpez-le pour l'adapter au document.

Exemple :

8 cm
10 cm   10 cm
8 cm

CALCUL DES DIMENSIONS
DE TOUS LES ÉLÉMENTS DU PAQUET

LES ÉLÉMENTS DU PAQUET SONT CONSTITUÉS DU CARTON DE FOND, DE LA CARTE BULLE PASSE-PARTOUT, DE LA CARTE BULLE CENTRAGE DU DOCUMENT ET DU VERRE. POUR CHAQUE DOCUMENT À ENCADRER, REMPLISSEZ D'ABORD LE TABLEAU DE CALCUL CI-DESSOUS, ET CONSERVEZ-LE À PROXIMITÉ DE VOTRE TABLE DE TRAVAIL, VOUS AUREZ À VOUS Y RÉFÉRER SANS CESSE.

Exemple :

dimensions FI : 19 x 25 cm
choix de marge : 8 cm

Dimensions des éléments du paquet :
8 + 19 + 8 = **35 cm**
8 + 25 + 8 = **41 cm**

Dimensions réelles du document : .... × ....

Dimensions FI : .... × ....

Choix de la marge : ....

Dimensions des éléments du paquet : .... × ....

Techniques générales

MÉTHODE DE COUPE ET D'ÉQUERRAGE DES CARTONS

COMMENCEZ TOUJOURS PAR COUPER LE CARTON DE FOND EN 2 MM OU 3 MM D'ÉPAISSEUR SUIVANT LES DIMENSIONS DES ÉLÉMENTS DU PAQUET. LA COUPE SE FAIT AU CUTTER COURBE AVEC L'ÉQUERRE ET LA RÈGLE LOURDE.

1 Faites une première coupe nette sur le bord de la feuille de carton en coupant le long de la règle de haut en bas, face à vous.

2 Tournez la feuille de carton pour placer cette première coupe parallèlement au bord de la table. Ajustez l'équerre sur la première coupe et plaquez la règle lourde perpendiculairement à celle-ci. Coupez pour obtenir un angle droit. Marquez cet angle d'un repère au crayon.

▼3 À partir des côtés du premier angle droit, reportez les mesures du carton de fond avec la pointe du cutter le long du réglet. Marquez deux points par côté.

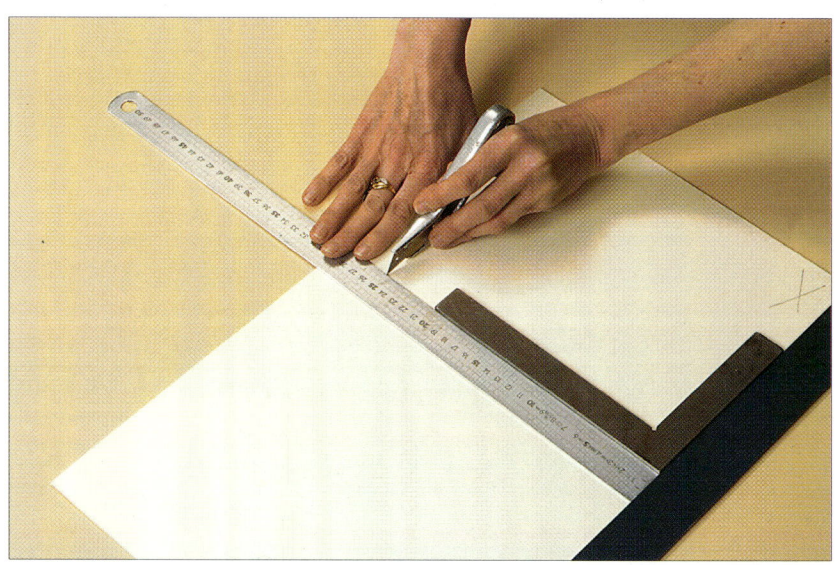

Pointage des repères au cutter

◄4 Placez la règle lourde le long de ces deux points et coupez en tirant la coupe face à vous. Vérifiez l'équerrage en plaçant l'équerre dans chaque angle. Le carton doit rentrer dans l'angle droit de l'équerre, sans jeu.

Coupe des cartons

PRÉPARATION DU PASSE-PARTOUT ET COUPE DE LA FENÊTRE-IMAGE

LE CARTON DE FOND ÉQUERRÉ SERT DE GABARIT DE COUPE POUR TOUS LES AUTRES ÉLÉMENTS DU PAQUET. REPORTEZ SUR CHACUN DE CES ÉLÉMENTS LE REPÈRE D'ANGLE.

COUPE DU PASSE-PARTOUT

1 Posez le carton de fond coupé sur la feuille de carte bulle, face intérieure (côté repère) vers soi.

2 Plaquez le carton sur la carte. Coupez au cutter. Avant de séparer les cartons, reportez le repère d'angle sur l'envers de la carte.

3 Procédez de la même façon pour couper la carte de centrage. Il est important de faire coïncider les repères d'angle pour le bon équerrage de la fenêtre-image.

COUPE DE LA FENÊTRE-IMAGE

▼1 Travaillez sur la face endroit (repère d'angle contre la table). Réglez l'écartement du compas pointes sèches sur la valeur de marge choisie.
Portez cette mesure deux fois par côté, en appuyant l'une des pointes à la lisière du carton.

2 Placez la règle de coupe sur la marge, le long de ces repères. Au compas pointes sèches, marquez les valeurs de la marge à chaque angle pour déterminer les extrémités de coupe.

3 Coupez avec une lame neuve. Une fois la fenêtre coupée dans le passe-partout, vérifiez son équerrage au gabarit d'angle. Le passe-partout peut être réalisé à partir d'un contrecollé ; dans ce cas, si l'on souhaite cacher l'âme du carton, on peut couper le long de la règle en inclinant la lame du cutter de 10° environ vers l'intérieur. Faites un léger passage de plioir, à plat sur le bord de la fenêtre, afin de rabattre les bords de la coupe.

Pointage des repères de marge au compas pointes sèches

Habillage du passe-partout avec un papier

De nombreux matériaux peuvent servir à habiller le passe-partout, suivant la fantaisie de chacun et la grande diversité proposée chez les fournisseurs. L'ensemble des matériaux papier peut se classer en trois catégories qui déterminent la méthode de collage.

Habillage avec un papier fort (environ 160 g/m²)

C'est le plus facile car il ne nécessite pas de détrempe. Il se fait à la colle blanche. Posez le passe-partout à habiller sur la feuille d'habillage. Coupez tout autour avec une marge de sécurité. Faites un guide de collage au plioir, sur l'envers du papier, en vous servant d'une règle et en utilisant le plioir comme un crayon. Posez la feuille en attente sur un buvard blanc (envers face à soi). Sur une feuille de papier macule, encollez au rouleau à colle les marges du passe-partout (la couche de colle doit être brillante et régulière sur toute la surface). Posez la carte encollée sur la feuille d'habillage. Lissez au chiffon. Retournez l'ensemble avec le buvard. Lissez sur le buvard et placez sous presse quinze minutes.

Guide de collage

Habillage avec un papier léger (environ 100 g/m²)

Matériel :
Colle blanche
 (pour encoller le passe-partout)
Éponge humide
 (pour la détrempe du papier)

Préparez les éléments comme précédemment. Puis humectez le papier à l'éponge humide sur la face envers. Encollez la carte du passe-partout à la colle blanche et appliquez-la sur le papier humide. Lissez et placez sous presse quinze minutes.

Encollage du passe-partout

Habillage avec un papier très léger (environ 80 g/m²)

Matériel :
Colle blanche
Colle Tylose diluée
Brosse large
 (pour étendre la Tylose)

Étant donné la fragilité du papier, effectuez la détrempe à la Tylose diluée avec une brosse large, en commençant par le centre et en allant vers les bords de la feuille. Une fois la détrempe effectuée, terminez comme prédédemment. Placez sous presse trente minutes.

Détrempe à l'eau

Détrempe à la Tylose diluée :
papier des Indes
 et tout grammage léger.

Détrempe à l'eau :
Ingres
 et tous papiers de grammage
 équivalent.

Pas de détrempe :
mi-teinte Canson
 et tous papiers de même
 grammage, toile montée
 sur papier support.

HABILLAGE DU PASSE-PARTOUT AVEC UN PAPIER BOIS

LE PAPIER BOIS EST UN PAPIER DÉLICAT, FIN, SEC ET CASSANT, POUR LEQUEL ON APPLIQUERA LA MÉTHODE DE COLLAGE AVEC DÉTREMPE À LA TYLOSE DILUÉE (VOIR HABILLAGE DU PASSE-PARTOUT AVEC GRAMMAGE TRÈS LÉGER PAGE 18). SI VOUS SOUHAITEZ PROFITER DU VEINAGE DU BOIS POUR MARQUER LA PERSPECTIVE OU DONNER UNE IMPRESSION DE BOISERIE AUTOUR DU DOCUMENT, IL FAUDRA HABILLER LE PASSE-PARTOUT, BANDE PAR BANDE SUR CHAQUE MARGE.

1 Après avoir effectué la découpe de la fenêtre-image dans le passe-partout, coupez au cutter quatre bandes dans la feuille de papier bois, en prenant soin de couper dans le sens du veinage.
Pour en calculer les dimensions, reportez-vous à l'encadré ci-contre. Placez les quatre bandes sur une feuille de macule, côté endroit contre la feuille pour procéder à l'encollage.

Largeur des bandes = largeur des marges + 2 cm pour le rembord intérieur de la fenêtre-image

Longueur des bandes = longueur des côtés du passe-partout

2 Enduisez ces quatre bandes de Tylose diluée sur l'envers à la brosse et, avec le rouleau, encollez le passe-partout à la colle blanche.
Posez ces bandes humides sur le passe-partout encollé.

▼**3** Retournez le passe-partout sur l'envers et, avec une épingle, marquez les angles intérieurs de la fenêtre-image.

Pointage des angles intérieurs de la fenêtre-image

Coupe des bandes d'habillage en diagonale

◄**4** Retournez sur l'endroit et coupez chaque angle sur la diagonale.
Retirez aussitôt les chutes de papier.
Lissez avec le buvard puis mettez sous presse.

Techniques générales

HABILLAGE DU PASSE-PARTOUT AVEC UN TISSU

LE TISSU PEUT ÊTRE UN LIBERTY, UN VICHY, OU UNE COTONNADE LÉGÈRE.
IL EST NÉCESSAIRE DE FAIRE UN GLAÇAGE POUR QUE LA COLLE NE PASSE PAS AU TRAVERS
DU TISSU AU MOMENT DU COLLAGE SUR LA CARTE BULLE DU PASSE-PARTOUT.

▶1 Pour le glaçage, enduisez régulièrement la plaque à glacis d'une couche fine de colle blanche, sur une surface équivalente à celle de l'étoffe à glacer.

2 Appliquez l'étoffe sur la plaque à glacis en tapotant légèrement (côté envers de l'étoffe sur la colle).

Encollage de la plaque à glacis

▼3 Décollez l'étoffe sans la déformer et mettez-la à sécher côté endroit sur un buvard propre. Patientez quinze minutes jusqu'à ce que l'étoffe soit sèche et glacée.

4 Encollez alors la carte bulle du passe-partout à la colle blanche et appliquez-la sur l'étoffe glacée. Mettez sous presse quinze minutes.

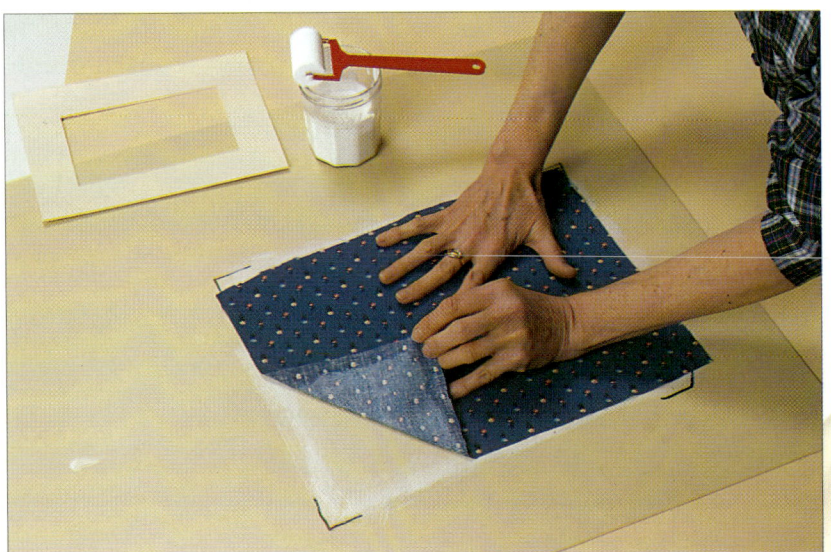

Glaçage du tissu

HABILLAGE DU PASSE PARTOUT PAR BANDES, AVEC UN TISSU

ON NE PEUT COMME POUR LE PAPIER BOIS COUPER LES DIAGONALES À VIF, LE TISSU S'EFFILOCHERAIT. IL EST NÉCESSAIRE DE RÉALISER LES QUATRE CÔTÉS DU PASSE-PARTOUT SÉPARÉMENT ET DE LES REMBORDER DANS LES DIAGONALES.

▶1 Taillez deux passe-partout dans la carte bulle. Coupez-les ensemble pour qu'ils coïncident précisément. Coupez aussi les deux fenêtres-images ensemble. Numérotez les quatre côtés de chaque carte de façon qu'ils se correspondent. Les numéros des bandes du passe-partout supérieur devront être inscrits sur l'envers de la carte.

2 Dans la carte supérieure, coupez les angles en diagonale en tenant compte de l'épaisseur du tissu d'habillage.

Coupe en diagonale de la carte du passe-partout

▼3 Taillez les bandes d'habillage dans le tissu (qui aura été glacé, voir page 20). Encollez les quatre parties du passe-partout à la colle blanche, puis mettez-les en place sur l'habillage. Placez sous presse quinze minutes.

Dimensions à donner aux bandes d'habillage :

Longueur = longueur du côté du passe-partout + 2 cm pour les rembords des diagonales

Largeur = largeur du côté du passe-partout + 2 cm pour le rembord intérieur de la fenêtre-image

Fixation des bandes sur le passe-partout inférieur

4 Rembordez les diagonales. Fixez les quatre parties du passe-partout sur le deuxième passe-partout en carte bulle en faisant coïncider les numéros. Rembordez les quatre côtés de la fenêtre derrière la deuxième carte.

COUPE ET COLLAGE DES REMBORDS DE LA FENÊTRE-IMAGE DU PASSE-PARTOUT

AU SORTIR DE LA PRESSE, LORSQUE LE PASSE-PARTOUT EST SEC, COUPEZ ET COLLEZ LES REMBORDS DE LA FENÊTRE-IMAGE DU PASSE-PARTOUT.

1 Coupez à 45° les angles de l'habillage à l'intérieur de la fenêtre-image avec le gabarit d'angle, coupez les rembords de la largeur du réglet.

2 Rabattez les rembords d'un trait de plioir et marquez au crayon leur emplacement sur l'envers du passe-partout.

▶**3** Avec de la colle blanche, encollez l'emplacement des rembords. Avec le plioir, rabattez les rembords sur la partie encollée.

Collage des rembords

CENTRAGE DU DOCUMENT

LE DOCUMENT NE SERA JAMAIS FIXÉ SUR LE CARTON DE FOND QUI PORTE L'ANNEAU MAIS SUR UNE CARTE INTERMÉDIAIRE APPELÉE CARTE DE CENTRAGE.

1 Lorsque la fenêtre-image est coupée, superposez carton de fond, carte de centrage et passe-partout en faisant coïncider les repères d'angles.

2 Introduisez le document entre la carte de centrage et le passe-partout. La fenêtre doit recouvrir chaque bord du document.

▶**3** Maintenez le document, retirez le passe-partout, tracez au crayon les angles du document puis fixez-le.

Traçage des angles du document sur la carte de centrage

FIXATION DU DOCUMENT

LA NOTION DE RESPECT DU DOCUMENT EST TRÈS IMPORTANTE POUR CETTE ÉTAPE DE TRAVAIL, NOTAMMENT POUR LES DOCUMENTS DE VALEUR. AFIN D'ASSURER LES MEILLEURES CONDITIONS DE CONSERVATION ET DE RÉVERSIBILITÉ, ET QUEL QUE SOIT LE MODE DE FIXATION, LE DOCUMENT NE SERA JAMAIS FIXÉ SUR LE CARTON DE FOND QUI PORTE L'ANNEAU.

COLLAGE EN PLEIN À LA COLLE BLANCHE

Matériel :
1 rouleau à colle
(pour encoller le support)

C'est le mode de fixation pour toutes les reproductions sans valeur.

1 Après centrage du document, encollez la carte dans les repères de centrage, à la colle blanche, avec le rouleau à colle.

2 Posez le document sur le support encollé. Lissez avec le buvard et mettez sous presse quinze minutes.

COLLAGE EN PLEIN D'UN GRAND FORMAT

Matériel :
1 rouleau à colle
(pour encoller le support)
1 brosse large
(pour enduire le dos du document)

Pour toutes reproductions d'un format égal ou supérieur à 40 x 50 cm à coller en plein (poster, affiche, ou photographie), il est préférable d'effectuer une détrempe à la Tylose diluée.

1 Centrez le document sur un carton de 2 mm d'épaisseur au lieu de la carte bulle habituelle.

2 Encollez d'abord le dos du poster à la Tylose diluée, en commençant par le centre et en tirant la colle vers les extrémités. Laissez le poster se détendre, mais non sécher.

3 Encollez le support de fixation à la colle blanche.

4 Posez le poster encore humide sur le support encollé en l'alignant sur l'une des lignes du centrage, pour le faire descendre peu à peu sur la surface encollée. Lissez au buvard et mettez sous presse une heure.

FIXATION PAR TENSION AVEC DES BANDES DE KRAFT BLANC

C'est le cas des gravures, des lithographies, des aquarelles, des dessins, de tout document qui pourra être ressorti de son cadre sans être altéré.

▶**1** Préparez quatre bandes de kraft aux dimensions du document plus 2 cm. Humidifiez à l'éponge le dos du document et posez-le sur ses repères de centrage.

Pose de bandes de kraft blanc

▶**2** Fixez la 1re bande de kraft
en la mouillant à l'eau claire.
Fixez la 2e bande en vis-à-vis
à cheval sur la lisière
du document et en lissant
avec le buvard pour tendre.

▼**3** Fixez la 3e bande,
puis la 4e. Chassez la poche
d'air en lissant au buvard.
Placez sous presse une heure.

Pose des bandes de kraft blanc

Fixation de la 4e bande de kraft

Conseil :

S'il s'agit d'un document très jauni
ou d'un papier très absorbant,
remplacez la détrempe à l'eau
par une détrempe à la Tylose
diluée, pour éviter les auréoles
sur le dessus du document.
Passez la Tylose diluée sur
l'envers du document,
attendez qu'elle ne poisse plus
et tendez ensuite avec
les bandes de kraft blanc.

FIXATION PAR TENSION À LA TYLOSE

Dans certains cas, la fenêtre du passe-partout recouvre
si peu les bords du document, qu'il est impossible
d'utiliser les bandes de kraft blanc.

1 Humidifiez à l'éponge
le dos du document comme
précédemment.
À la brosse, posez un filet
de Tylose sur la carte support
à l'intérieur du tracé de
centrage.

2 Posez délicatement le
document sur ses repères
de centrage.
Lissez du plat de la main en
intercalant un buvard et mettez
sous presse une heure.

FIXATION LÉGÈRE EN DEUX POINTS

Ce sera le mode de fixation de tout document de valeur ou très ancien, dont le papier très mince risquerait de se déchirer, s'il était fixé par tension au kraft ou à la Tylose.

1 Coupez deux bandes de 1,5 x 1,5 cm dans une feuille de papier japon. Pliez-les en deux. Ces bandes serviront de charnières.

▼**2** Collez-les à la Tylose sur le haut du document, à l'envers et collez les rabats sur le support de centrage.

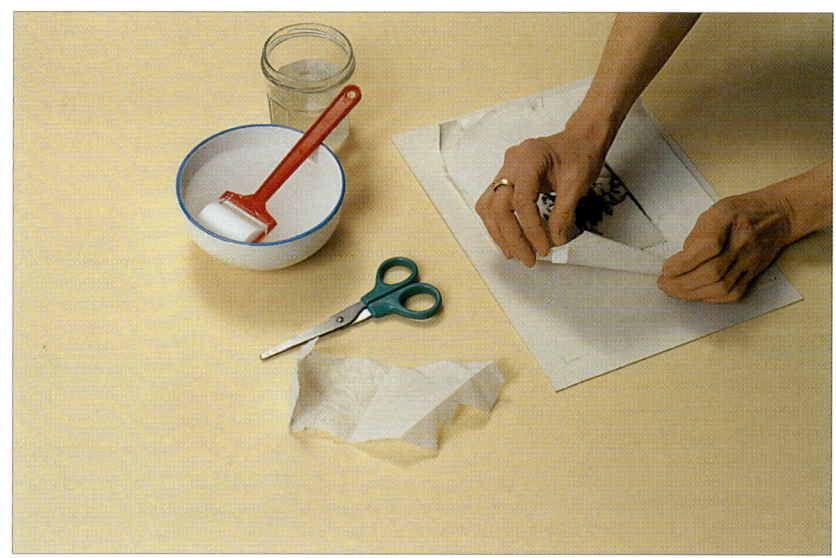

Collage des rabats sur le support de centrage

FIXATION D'UN DOCUMENT TISSU PAR TENSION SUR UNE FEUTRINE OU UN MOLLETON

1 Tracez les repères de centrage du document sur le carton de centrage (taillé dans du 2 ou 3 mm d'épaisseur suivant le format) qui remplace la carte bulle.
Tracez également la fenêtre du passe-partout sur le carton de centrage et fixez par quelques points de colle le molleton dans le tracé.

▼**2** Positionnez le document dans ses repères de centrage. Avec des épingles, fixez un 1er côté tous les 2 cm. Tendez et fixez en vis-à-vis. Fixez le 3e côté et tendez le 4e.

Tension d'un document tissu

Conseil :

Si le document est simplement encadré d'une baguette sans passe-partout, tendez-le avec des épingles piquées dans le chant du carton de centrage et rabattez le rembord du document tissu sur un filet de colle blanche au dos du carton. Ne coupez pas l'angle du rembord, pliez-le et collez-le.

3 Collez le document tendu par un filet de colle blanche tout autour, retirez les épingles et mettez sous presse quinze minutes.

FERMETURE DU PAQUET

QUE LE PAQUET SOIT ENCADRÉ ENSUITE D'UNE MOULURE OU BIEN LAISSÉ SOUS FORME DE
SOUS-VERRE SIMPLE, IL SERA, DE TOUTE FAÇON, FERMÉ D'UN KRAFT SERVANT À MAINTENIR
LES ÉLÉMENTS PLAQUÉS CONTRE LE VERRE ET À L'ISOLER DE LA POUSSIÈRE.

POSE DES ATTACHES DE FIXATION

L'anneau de fixation se pose dans le carton de fond.
Pour les petits formats, prenez le repère de fixation de l'anneau
entre 5 et 7 cm du bord supérieur du carton. Pour les grands formats
(à partir de 40 x 50 cm), prenez deux repères au tiers de la hauteur
en partant du bord supérieur et à environ 10 cm des côtés.

Passage du ruban dans la fente

◀**1** Coupez 8 cm de ruban
Bradel, pliez le ruban en deux
et passez l'anneau au centre,
taillez une fente au cutter,
dans le carton de fond
au point de repère.

Conseil :

Si le format nécessite la pose
de deux anneaux, orientez le
collage du ruban Bradel à 45°,
dans le sens du tirage cordon.
Remplacez le ruban par des
rivets dans le cas de grands
formats lourds.

Incrustation pour fixation de l'anneau

◀**2** Avec le dos de la lame
du cutter, passez les deux
épaisseurs du ruban dans
la fente, retournez le carton,
écrasez les deux parties
du ruban de part et d'autre
de la fente et incrustez-les en
évidant le carton de l'épaisseur
du ruban, collez-les dans
le carton. Consolidez
l'incrustation du ruban
par collage d'une croix
de kraft gommé.

encadrement

EMBALLAGE DU PAQUET

1 Lorsque tous les collages du paquet sont secs, superposez tous les éléments : carton de fond, carte bulle de centrage du document, passe-partout, verre (nettoyé sur les deux faces), et serrez l'ensemble entre quatre pinces à dessin, sur deux côtés en vis-à-vis. Coupez quatre bandes dans le kraft gommé, les deux premières aux dimensions des côtés, les deux autres en ajoutant 2 cm.

3 Tournez les pinces à dessin sur les deux côtés fermés et rembordez les deux autres côtés avec des bandes de kraft coupées aux dimensions de ces côtés.

▼2 Marquez les extrémités du paquet sur les bandes les plus longues, découpez les encoches de manière à dégager la languette pour le recouvrement sur le verre et le rembord sur le carton de fond. Fermez les deux premiers côtés et rabattez les languettes sur l'épaisseur du paquet.

Pose des bandes de kraft gommé

SOUS-VERRE SIMPLE

Pour une finition très sobre, sans cadre, le paquet sera galonné d'un papier fantaisie en sous-verre simple. Préparez les bandes d'habillage en prévoyant qu'elles recouvrent totalement le rembord de kraft du paquet. Pointez avec le compas pointes sèches deux points à partir du bord de la bande d'habillage, pour le recouvrement sur le verre, puis, de ces deux points, deux autres points marquant l'épaisseur du paquet. Placez le réglet sur les deux premiers points et pliez au plioir. Puis tracez la 2ᵉ ligne sur les deux autres points.

Emballage d'un sous-verre simple

Découpez les languettes des extrémités. Posez les deux premiers côtés en vis-à-vis. Puis les deux autres en coupant les extrémités aux dimensions des côtés et à 45° sur le rembord supérieur.

POSE DE LA BAGUETTE

LES FOURNISSEURS DE PRODUITS D'ENCADREMENT PROPOSENT MAINTENANT LA COUPE ET L'ASSEMBLAGE DE LA BAGUETTE. GRÂCE AUX MACHINES DONT ILS DISPOSENT, L'ASSEMBLAGE DES ANGLES EST D'UNE GRANDE QUALITÉ.

SI VOUS SOUHAITEZ RÉALISER VOUS-MÊME CE TRAVAIL, VOUS DEVEZ DISPOSER D'UNE SCIE À ONGLETS MONTÉE SUR UN GUIDE ET D'UNE PRESSE À CADRES (VOIR «OUTILLAGE»).

Longueur de baguette à acheter :

Le périmètre du paquet
+ 8 fois la largeur de la baguette
+ 10 cm pour les chutes d'angles

Si votre paquet mesure 30 cm par 40 cm, et si votre baguette mesure 2 cm de largeur, vous devrez acheter deux fois 30 cm + 40 cm = 140 cm plus huit fois 2 cm = 16 cm plus 10 cm, c'est-à-dire 166 cm.

COUPE ET ASSEMBLAGE DE LA BAGUETTE

1 Prenez les mesures précises du paquet rembordé. Mesurez la largeur de la feuillure. Calculez la dimension de coupe d'après la formule suivante : longueur du côté plus 2 mm de jeu moins 2 fois la largeur de la feuillure.

▶ **2** Coupez les grands côtés en premier, car en cas d'erreur, ils pourront être utilisés pour les petits côtés : sciez à 45° une extrémité de la baguette puis, à partir de cet angle coupé, portez la mesure sur la lèvre de la baguette. Sciez le 2ᵉ angle. Servez-vous de la butée de la scie pour couper le 2ᵉ côté parfaitement identique au 1ᵉʳ. Coupez ensuite les deux petits côtés suivant la même méthode.

VUE EN COUPE D'UNE BAGUETTE

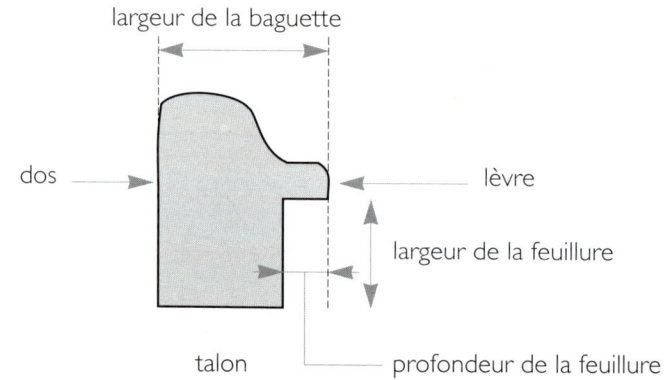

largeur de la baguette

dos — lèvre

largeur de la feuillure

talon — profondeur de la feuillure

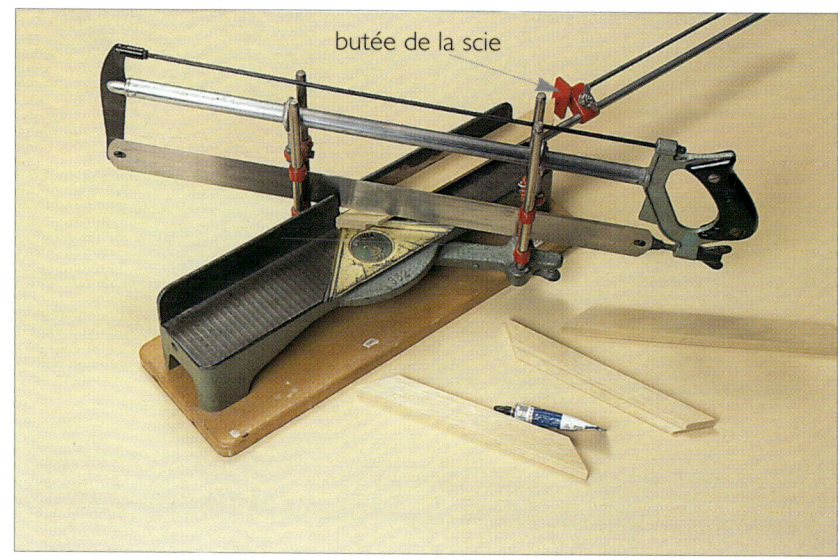

butée de la scie

Coupe de la baguette à la scie

▶**3** Assemblez les éléments de la baguette, encollez chaque angle à la colle à bois à prise rapide. Serrez dans les mâchoires de la presse les quatre côtés encollés dans les angles. Pour les baguettes fines, posez une cale sous chaque angle pour rehausser la baguette au niveau des mâchoires de la presse. Laissez sécher une demi-heure.

4 Lorsque le cadre est sec, fixez les angles de celui-ci : une pointe par angle et par côté pour les moulures fines, deux ou trois pour les moulures larges.

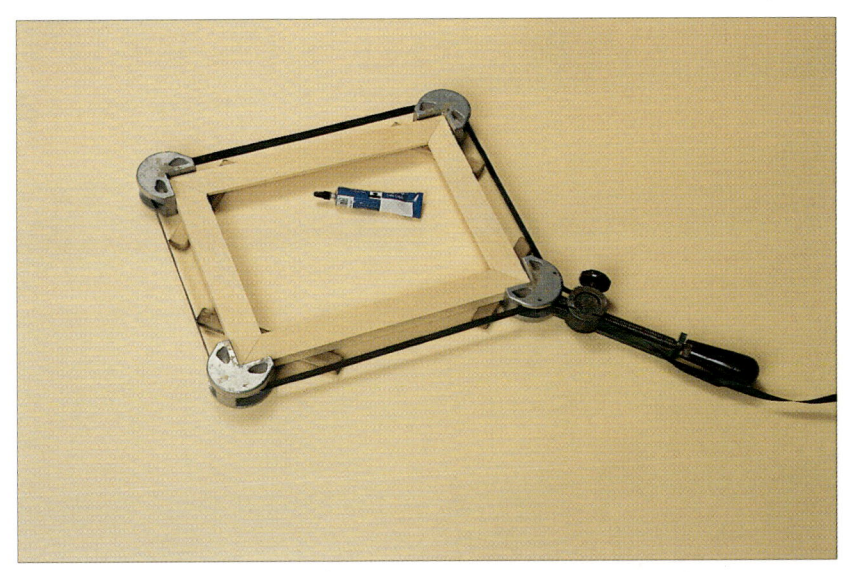

Assemblage de la baguette

Fixation du paquet dans le cadre

◀**5** Posez le paquet dans le cadre collé et cloué. S'il y a du jeu, centrez le paquet et placez des cales (carte 7/10e de mm) entre le paquet et la moulure en répartissant le jeu tout autour.
Avec les pointes sans tête, clouez le paquet dans le cadre, une pointe tous les 10 cm.

6 Rembordez l'ensemble avec le kraft large pour assurer une bonne protection.

Techniques générales

RÉCAPITULATIF DES ÉTAPES DE TRAVAIL

1

Déterminez les dimensions de la fenêtre-image.

2

Choisissez la valeur de la marge.

3

Déterminez les dimensions des éléments du paquet.

4

Coupez le carton de fond et vérifiez son équerrage.

5

Coupez les autres cartons en utilisant le carton de fond comme gabarit.

6

Ouvrez la fenêtre-image dans le passe-partout et vérifiez son équerrage.

7

Habillez le passe-partout et rembordez sa fenêtre.

8

Centrez le document et fixez-le.

9

Posez l'anneau de fixation. N'oubliez pas les temps de séchage de chacun des éléments. Fermez le paquet.

10

Assemblez le paquet dans le cadre avec les pointes et les bandes de kraft.

Sens du papier

Les papiers réagissent à l'humidité et se déforment parce qu'ils s'allongent plus dans un sens que dans l'autre. Il faut déterminer le sens d'allongement du papier et le placer de manière qu'il n'intervienne pas dans les mesures et les ajustages des sous-cartes et des biseaux notamment.

Comment déterminer le sens d'allongement d'un papier ?

Essayez de rouler la feuille entre les deux mains. Dans un sens elle résiste plus que dans l'autre.

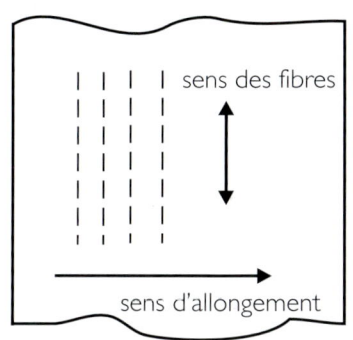

Coupez les bandes perpendiculairement au sens d'allongement.

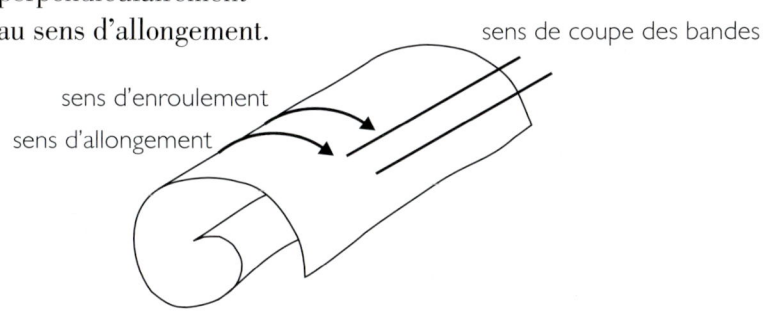

Le papier Ingres ou vergé

C'est un papier ligné. Coupez parallèlement aux pontuseaux de façon à être perpendiculaire au sens d'allongement.

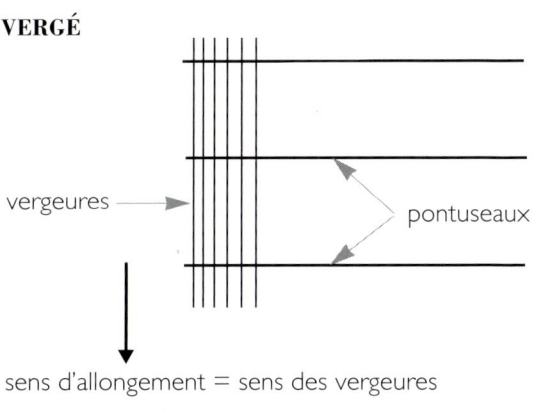

Le papier kraft

C'est aussi un papier ligné mais il s'allonge perpendiculairement aux lignes. Coupez les bandes parallèlement aux lignes.

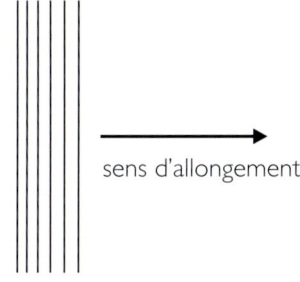

Le papier japon

Ses fibres sont enchevêtrées. Il n'a donc pas de sens d'allongement. Lorsqu'il est très fin, il s'appelle «pelure de japon». On l'utilise pour les réparations de documents.

Le simili-japon

Il ressemble au papier japon mais c'est un papier qui a un sens de fibres, donc un sens d'allongement. Ce papier est trop fin pour que l'on puisse mesurer sa résistance en le roulant. Pincez un coin en tirant entre le pouce et l'index, le côté qui frise le plus indique le sens de l'allongement.

LES DIFFÉRENTES FORMES
DE FENÊTRES-IMAGES

COMMENCEZ PAR RÉALISER UN PROJET SUR UNE FEUILLE DE BROUILLON AFIN DE TROUVER LES PROPORTIONS JUSTES ENTRE LES DIMENSIONS DE LA FENÊTRE ET CELLES DES MARGES. AUTOUR D'UN CERCLE, D'UN OVALE, D'UN OCTOGONE, LES MARGES SERONT MOINS IMPORTANTES QU'AUTOUR D'UNE FENÊTRE À ANGLES DROITS.

Outillage :

Compas
Compas-cutter
Appareil à ovale

FENÊTRE RONDE

Déterminez le centre du cercle en traçant les diagonales sur le passe-partout. Coupez au compas-cutter.

FENÊTRE RONDE À ÉCOINÇONS

Tracez le cercle fenêtre-image. Tracez un 2e cercle concentrique au 1er qui déterminera la courbure des écoinçons. Tracez le carré qui coupe ce cercle à 2 mm de la tangente. Coupez d'abord au compas-cutter les courbes des écoinçons, puis la fenêtre-image.

FENÊTRE OVALE

Déterminez la plus grande dimension de la fenêtre : FI. Tracez deux points A et B tels que FA = AB = BI. Tracez le cercle de centre A et de rayon FA. Tracez le cercle de centre B et de rayon BI. Marquez les intersections des cercles aux points C et D. Au compas, prenez la mesure du diamètre FB. Placez la pointe sèche du compas en D et tracez les arcs D' et D". Faites de même en C pour tracer C' et C".

FENÊTRE OVALE À ÉCOINÇONS

Tracez un premier ovale (voir fenêtre ovale). Choisissez la valeur à donner au deuxième ovale équidistant et tracez-le en prenant A,B,E, et E', pour centres de cette nouvelle construction. Puis tracez le rectangle sécant à l'ovale extérieur à 2 mm de la tangente. Coupez les ouvertures courbes à main levée ou avec l'appareil à ovale en suivant les indications de la notice.

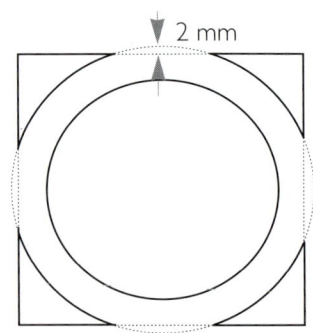

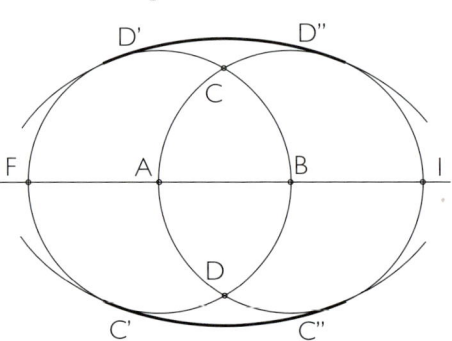

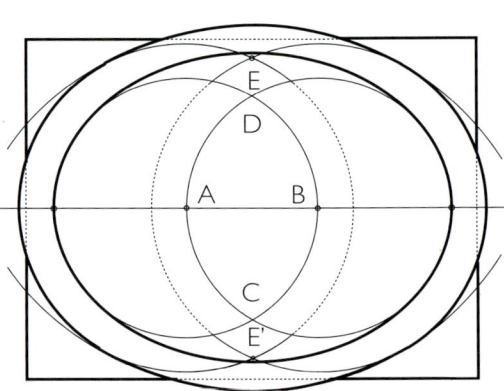

FENÊTRE HEXAGONALE

Tracez le cercle de la dimension de la fenêtre et portez six fois le rayon sur la longueur de la circonférence. Joignez ces points pour tracer les côtés de l'hexagone.

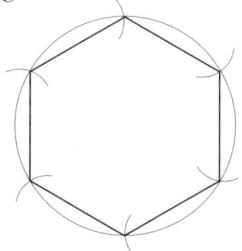

FENÊTRE OCTOGONALE RÉGULIÈRE

Tracez le cercle de diamètre égal à la dimension choisie pour la fenêtre-image. Tracez quatre diamètres faisant entre eux un angle de 45°. Tracez les tangentes au cercle, perpendiculairement à chacun de ces diamètres.

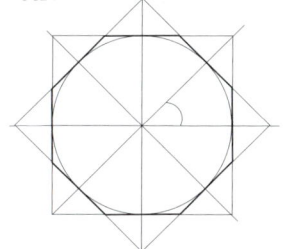

FENÊTRE OCTOGONALE IRRÉGULIÈRE

C'est un carré ou un rectangle à pans coupés. Tracez la fenêtre à angles droits et à partir des angles, au compas, tracez les repères des pans coupés.

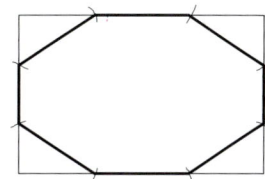

FENÊTRE À COINS ARRONDIS

Cherchez la courbure à donner à l'angle de la fenêtre. Vous pourrez en déduire l'emplacement des centres des portions de cercle et tracer au compas les coins arrondis. Tracez la fenêtre à angles droits, puis la bissectrice de chaque angle pour situer les centres des portions de cercle.

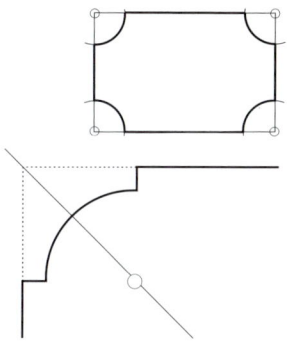

Tracez la fenêtre à angles droits, puis la médiatrice du côté à arrondir. Placez le centre du cercle sur cette médiatrice pour tracer la courbure.

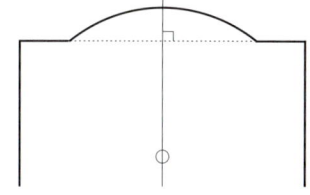

COUPE ET COLLAGE DES REMBORDS DE CES DIFFÉRENTES FENÊTRES

Fenêtres octogonales

Fabriquez un gabarit d'angle en carte bulle pour couper le rembord dans la bissectrice de l'angle de la fenêtre.

Fenêtres rondes, ovales et à coins arrondis

Pour toutes fenêtres à courbure concave, découpez le rembord d'habillage en lanières de 2 mm de large en laissant 1 mm non coupé contre la fenêtre.

FENÊTRE-IMAGE DU PASSE-PARTOUT COURBURE CONCAVE

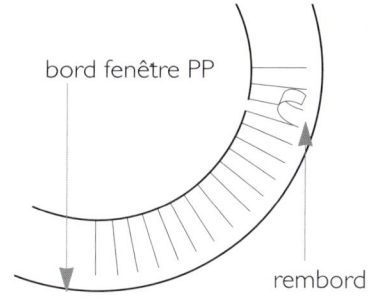

bord fenêtre PP

rembord

Pour les courbures convexes : découpez le rembord à 1 mm du bord de la fenêtre, en le crantant.

FENÊTRE-IMAGE DU PASSE-PARTOUT COURBURE CONVEXE

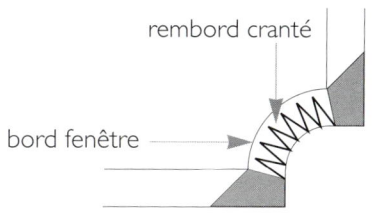

rembord cranté

bord fenêtre

Techniques générales

SOINS À APPORTER
AUX DOCUMENTS ANCIENS

S'IL EST SOUHAITABLE DE NETTOYER UNE VIEILLE GRAVURE AVANT DE L'ENCADRER, IL NE FAUT JAMAIS PRENDRE LE RISQUE DE LA DÉTÉRIORER DAVANTAGE PAR DES MANIPULATIONS. SI ELLE EST TRÈS ENDOMMAGÉE, DEMANDEZ CONSEIL À UN SPÉCIALISTE DE LA RESTAURATION.

NETTOYAGE À SEC

Matériel :
Gomme en poudre
Coton hydrophile
Buvard blanc

Il consiste en un dépoussiérage avant de fixer la gravure dans son encadrement.
Si la gravure est libre de tout support, posez-la sur un buvard blanc propre, déposez un peu de gomme en poudre et nettoyez d'une main avec un tampon de coton en un mouvement tournant, en maintenant le document de l'autre main. Si le document est déjà collé sur un support, décollez-le pour éviter de le crever. Décollez à la vapeur au-dessus d'un fer à vapeur ou d'une bouilloire. Protégez la gravure par une serviette pour éviter la formation de gouttes sur le dessus du document.

NETTOYAGE PAR TREMPAGE

Matériel :
1 bac pour baigner le document
Du non-tissé (Vlieseline) vendu en mercerie
Eau de Javel
Hyposulfite de sodium
Buvard blanc

Si la gravure est très sale : taches, auréoles, seul le trempage peut atténuer les salissures.
Attention : dans le cas d'une gravure colorée, faites un test de couleur avec un coton, dans un coin par exemple, pour vous assurer que la couleur ne «coule» pas au trempage.
Si la couleur est stable, le document peut être trempé, «plongé» dans l'eau.
Si la couleur «coule», baignez le document en le faisant flotter à la surface de l'eau.
1. Préparez un 1er bain d'eau tiède pour atténuer les auréoles.
2. Coupez un morceau de non-tissé un peu plus grand que le document. Posez le document sur le non-tissé.
3. Baignez une demi-heure (faites entrer le document du bout des doigts pour chasser la poche d'air entre la surface de l'eau et le non tissé).

BLANCHIMENT

Matériel :
Idem nettoyage par trempage

1. S'il reste des taches, remplissez le bac d'eau froide. Ajoutez l'eau de Javel, au maximum 5 g par litre d'eau, soit un bouchon pour un litre (n'utilisez pas l'eau de Javel en paquet plastique dont la concentration est trop forte mais plutôt de l'eau de Javel en bouteille).
Baignez la gravure posée sur le non tissé par plongée ou par flottaison (temps du bain : quinze minutes maximum).
2. Rincez à l'eau claire dans le bac propre (durée cinq minutes).
3. Préparez une solution d'hyposulfite à 10 g par litre d'eau, dissolvez bien avant de replonger le document (durée du rinçage : 15 minutes).
4. Rincez à l'eau courante en plaçant sous un mince filet d'eau pendant une heure, pour éliminer les traces de produits utilisés dans les bains précédents (le filet d'eau ne doit pas couler sur le document, mais dans un angle du bac).
Mettez le document à sécher sur un buvard.

RÉENCOLLAGE

Matériel :
Du non-tissé (Vlieseline) vendu
 en mercerie
1 plaque de Plexiglas

Posez le document sur un non
tissé, encollez une 1ère face.
Retournez l'ensemble sur un
second non-tissé, retirez
délicatement le premier et
encollez la 2e face.
Laissez sécher à l'air libre sur
le non-tissé placé sur une
plaque de Plexiglas.

SÉCHAGE
Attendez que le document
soit presque sec (légèrement
humide) pour le mettre sous
presse entre deux buvards.

DÉCHIRURES

Matériel :
Pelure de papier japon
Colle Tylose
Brosse à colle fine
Du non-tissé (Vlieseline) vendu
 en mercerie
Buvard blanc

1. Découpez, dans la pelure de
japon, une bande qui couvre
largement la déchirure.
2. Encollez le dos de la
déchirure à la Tylose. Posez la
pièce, lissez-la à la Tylose avec
une brosse à colle fine.
3. Mettez sous presse en
intercalant un non-tissé entre la
pièce et le buvard pour éviter
que le buvard ne colle au
document.

DOUBLAGE

Matériel :
Pelure de papier japon
 ou simili-Japon
Plastique souple
Colle Tylose
Brosse large
Plaque de verre
Scalpel à lame arrondie
Buvard blanc

Lorsque le document est en très
mauvais état, un doublage est
nécessaire pour le consolider.
Ce doublage se fait toujours
avec un papier plus fin pour
ne pas provoquer de tensions
(pelure de papier japon
ou simili japon).
Attention, le simili japon à un
sens d'allongement (voir «Sens
du papier» page 31), faites-le
coïncider avec le sens
d'allongement du document.
1. Placez le document à plat,
face envers vers vous, sur un
plastique souple (plastique
pour couvrir les livres par
exemple). Encollez-le.
2. Posez la doublure sur une
plaque de verre, encollez-la à
la Tylose avec une brosse large
et lissez pour qu'il n'y ait pas
d'épaisseurs.
3. Retournez le plastique avec
le document sur la doublure.
4. Retirez le plastique.
Chassez les bulles d'air
au buvard et au plioir.
Faites coïncider les bords de
la déchirure.
5. Mettez sous presse au moins
trois heures.

TROUS

Matériel :
Épingles
Pelure de papier japon
Colle Tylose
Brosse fine
Plastique souple
Du non-tissé (Vlieseline) vendu
 en mercerie

1. Cherchez un papier
équivalent à celui du document
à réparer. Faites coïncider les
sens d'allongement et découpez
une pièce plus grande que le
trou à réparer. Placez-la sous
le document (placé face endroit
vers vous).
2. Perforez la pièce avec une
épingle sur le contour du trou.
Déchirez-la le long du piquage.
3. Préparez une doublure
de pelure de japon, plus grande
que le trou à garnir, tournez le
document sur l'envers, placez
la pièce, encollez-la à la Tylose
ainsi que le document sur 1 cm
tout autour du trou.
4. Posez la doublure de pelure
de japon, lissez-la à la brosse
fine. Retournez sur un
plastique, vérifiez que les bords
de la pièce sont bien en place.
Mettez sous presse entre deux
pièces de non-tissé.

DÉFROISSAGE

1. Encollez le document
sur l'envers à la Tylose diluée
et laissez le papier s'imprégner.
2. Lorsque le document
est encore humide mais non
poisseux, mettez-le sous presse
en intercalant une pièce de non
tissé entre le dos du document
et le buvard.
Temps de presse : deux heures.

Techniques générales

LES TECHNIQUES GÉNÉRALES
VUES PRÉCÉDEMMENT
SERONT LA BASE DE TOUT
ENCADREMENT. MAIS LA POSE
D'UN SIMPLE PASSE-PARTOUT
NE SUFFIRA PAS À METTRE
LE DOCUMENT EN VALEUR
ET À LE PROTÉGER.
LES TECHNIQUES VARIÉES
DE BISEAUX

(45° - DROIT - FRANÇAIS)
PERMETTENT DE MIEUX
PROTÉGER LE DOCUMENT
EN CRÉANT UN VOLUME
ENTRE CELUI-CI ET LE VERRE.
ELLES OFFRENT AUSSI
DE NOMBREUSES POSSIBILITÉS
CRÉATIVES ET ORNEMENTALES.

2

Techniques particulières

LE BISEAU À 45°

C'EST CELUI QUE L'ON TROUVE LE PLUS SOUVENT DANS LES EXPOSITIONS ET CHEZ LES ENCADREURS. IL DONNE À L'ENCADRE-MENT UNE PROFONDEUR AGRÉABLE À L'ŒIL. ON PEUT L'UTILISER DANS PRESQUE TOUS LES CAS SANS FAIRE D'ERREUR.

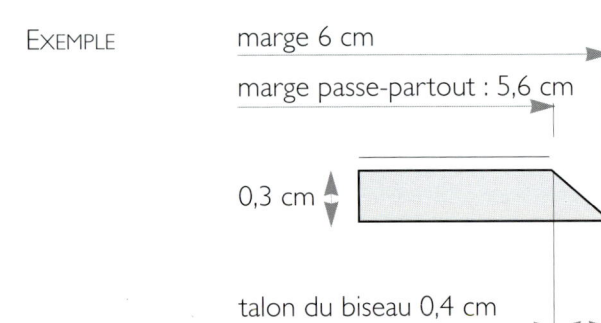

Outillage :
Règle à glissière

Cutter
dont la lame
est montée à 45°

VUE EN COUPE DU TRAVAIL À RÉALISER

En général le biseau sera réalisé dans du carton de 3 mm d'épaisseur mais il peut aussi être taillé dans du 2 mm d'épaisseur pour de très petites fenêtres-images.

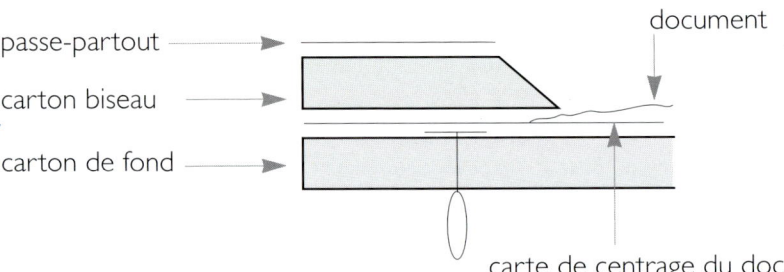

passe-partout

carton biseau

carton de fond

document

carte de centrage du document

DIMENSIONS À DONNER AUX ÉLÉMENTS DE LA MARGE

EXEMPLE

marge 6 cm

marge passe-partout : 5,6 cm

0,3 cm

talon du biseau 0,4 cm

Carton à biseau de 0,3 cm d'épaisseur :
comptez 0,4 cm pour le talon du biseau.

Carton à biseau de 0,2 cm d'épaisseur :
comptez 0,3 cm de talon.

▶ **1** Coupez tous les cartons suivant la technique de base. Habillez le passe-partout et rembordez-le. Posez-le sur le carton à biseau en le calant sur les angles de celui-ci. Tracez au portemine le contour de la fenêtre-image du passe-partout sur le carton à biseau. Faites un 2ᵉ tracé pour déterminer l'emplacement de la règle. Ouvrez le biseau en dépassant de 1cm les angles de la fenêtre.

Coupe de la fenêtre-image

▶ **2** Coupez les bandes d'habillage du biseau de 3 cm de large et de 4 cm de plus que le côté du biseau à habiller et pliez-les en tenant compte du sens du papier (voir page 31). Un pli si le papier est mince, deux plis au compas pointes sèches si le papier est suffisamment épais. Ajustez avec beaucoup de précision la 1ʳᵉ bande sur l'un des côtés du biseau, en découpant ses angles à 45°.

Plis au compas pointes sèches

3 Encollez l'intérieur de la bande, mettez-la en place en positionnant les plis sur les arêtes du biseau. Lissez avec le plioir. Lorsque vous avez posé le 1ᵉʳ côté, procédez de la même façon, en tournant pour les trois autres côtés du biseau, bande après bande.

4 Fixez le passe-partout au carton biseau, en encollant l'envers du passe-partout. Faites un collage léger sans dépasser les bordures de la marge afin d'éviter les taches de colle. Mettez sous presse. Terminez le paquet suivant la méthode et les indications décrites page 26.

Techniques particulières

LE BISEAU DROIT

LE BISEAU DROIT EST RÉALISÉ EN CARTON DE 2 MM OU 3 MM D'ÉPAISSEUR. IL EST PLACÉ ENTRE LE PASSE-PARTOUT ET LE DOCUMENT. SA COUPE À 90°, STRICTE ET SOBRE, LE FAIT APPRÉCIER POUR L'ENCADREMENT D'ŒUVRES CONTEMPORAINES OU POUR DES DESSINS DONT LA PURETÉ DU TRAIT MÉRITE D'ÊTRE SOULIGNÉE.

VUE EN COUPE DU TRAVAIL À RÉALISER

1ᵉʳ CAS : COUPE DU CARTON
BISEAU À L'APLOMB DE LA FENÊTRE DU PASSE-PARTOUT

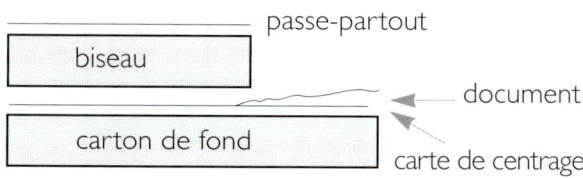

2ᵉ CAS : COUPE DU CARTON
BISEAU AVEC UN DÉCALAGE EN AVANT

3ᵉ CAS : COUPE DU CARTON BISEAU
EN RETRAIT DE LA FENÊTRE-IMAGE DU PASSE-PARTOUT

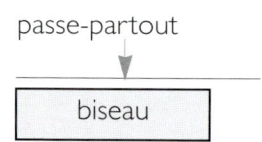

DIMENSIONS À DONNER AUX ÉLÉMENTS DE LA MARGE

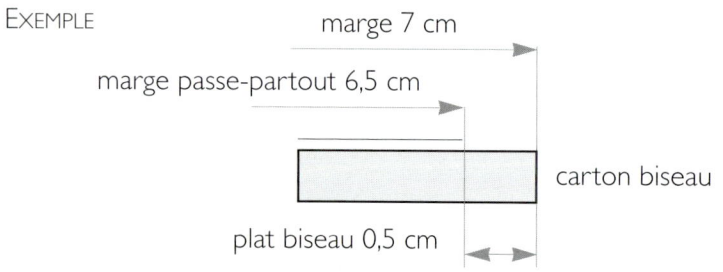

EXEMPLE

Ci-dessus, dans le 1ᵉʳ et le 3ᵉ cas, la valeur de la marge est celle du passe-partout.

▶ **1** Posez le passe-partout habillé et rembordé sur le carton à biseau. Tracez au porte-mine le contour de la fenêtre-image du passe-partout sur le carton biseau. Dans les 2ᵉ et 3ᵉ cas, portez le décalage entre la fenêtre et l'arête du carton à biseau avec le compas pointes sèches, à partir du tracé. Tracez le contour du biseau passant par ces points. Ouvrez le carton biseau en coupe droite.

Ouverture du carton à biseau en coupe droite

▶ **2** Coupez les bandes d'habillage de 3 cm de large et de 4 cm de plus que le coté du biseau à habiller. Attention au sens d'allongement du papier (voir page 31). Pliez la bande, placez-la ouverte sur l'arête du biseau. Marquez au crayon un repère d'angle. Coupez à 90° la partie inférieure du rembord de façon à dégager une languette.

Découpe des bandes d'habillage

▶ **3** Collez l'intérieur de la bande jusqu'à l'angle et mettez-la en place en commençant sur le dessus du biseau. Procédez en tournant, pour les quatre côtés du biseau, bande après bande. Coupez les languettes dans la diagonale et collez-les. Fixez le passe-partout au carton à biseau par un collage léger en encollant l'envers du passe-partout.

Coupe et collage des languettes dans la diagonale

Techniques particulières

LES BISEAUX IMBRIQUÉS

MONTAGE TRÈS COLORÉ OU EN DÉGRADÉ PAR LE PASSAGE MULTIPLE DE BISEAUX DROITS OU À 45° EN BORDURE DE LA FENÊTRE-IMAGE.

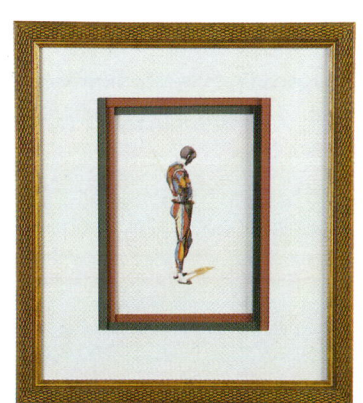

VUE EN COUPE DU TRAVAIL À RÉALISER

Pour deux biseaux visibles par côté, coupez quatre passe-partout et quatre épaisseurs de carton à biseau.
Pour trois biseaux visibles : six passe-partout et six cartons à biseau.

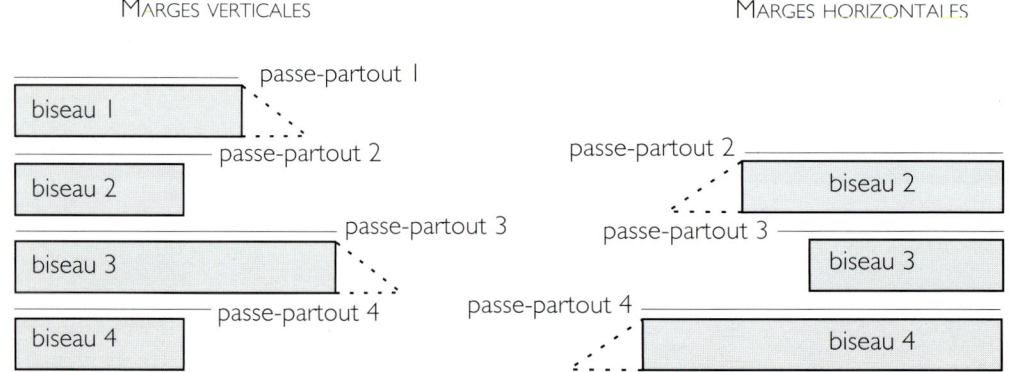

MARGES VERTICALES

MARGES HORIZONTALES

1 Pour réaliser le passe-partout n°1, ouvrez la fenêtre dans le passe-partout n°1 à la valeur de la marge.

PP N° 1

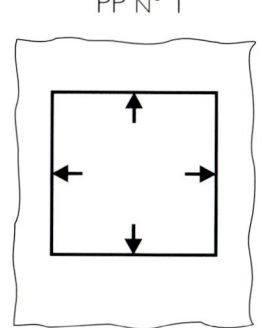

Dans les schémas, les flèches indiquent les lignes de coupe

2 Ouvrez le passe-partout n°2, identique au passe-partout n°1.

PP N° 2

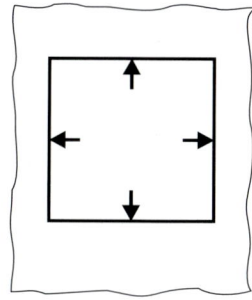

3 Pour le passe-partout n°3, portez le tracé de la fenêtre du passe-partout n°1. Portez le décalage sur les verticales et coupez sur ces deux nouvelles lignes et sur le tracé du passe-partout n°1 pour les horizontales.

PP N° 3

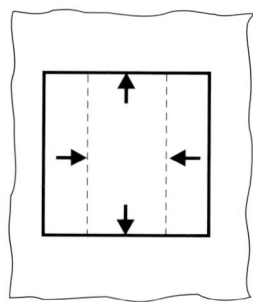

4 Pour le passe-partout n°4, portez le tracé de la fenêtre du passe-partout n°1. Portez le décalage entre les passe-partout sur les horizontales, coupez sur ces deux nouvelles lignes et sur le tracé du passe-partout n°1 pour les verticales.

PP N° 4

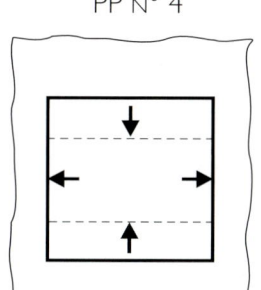

5 Lorsque les fenêtres sont ouvertes dans tous les passe-partout, coupez le passe-partout n°1 dans le prolongement de la fenêtre sur les lignes verticales. Ne gardez que les deux bandes verticales et habillez les passe-partout.

6 Dans le carton à biseau, coupez les biseaux adaptés à chaque passe-partout et habillez-les.

7 Collez entre eux passe-partout et biseaux pour un bon centrage dans le paquet.

EXEMPLE DE RÉPARTITION DES ÉLÉMENTS DE LA MARGE

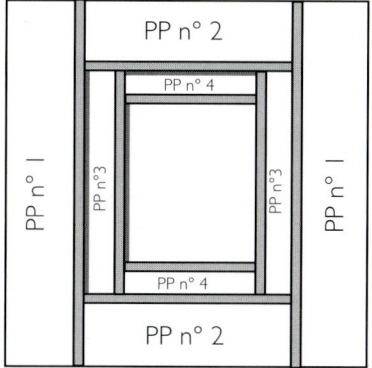

Calcul de la valeur de la marge :
marge PP n° 1
+ talon du biseau n° 1
+ décalage PP n° 3
+ talon du biseau n° 3
Talon du biseau = 0,4 cm
pour un biseau à 45°.
Talon du biseau à déterminer pour un biseau droit.

Dans l'exemple ci-dessous, le passe-partout n°1 est découpé horizontalement
Il est possible de recouvrir partiellement les passe-partout n°1 et n°2 par un passe-partout supplémentaire si l'on ne souhaite pas avoir la première ligne marquée jusqu'aux bords extérieurs de la marge. Il est possible aussi d'imbriquer uniquement les biseaux, avec un seul passe-partout. Dans ce cas, le décalage à porter entre chaque biseau est égal au talon de celui-ci.

Techniques particulières

LA SOUS-CARTE

LA SOUS-CARTE EST UN ÉLÉMENT QUI SOULIGNE ET APPORTE LE RAFFINEMENT À L'ENCADREMENT. ELLE SE PLACE SOUS LE PASSE-PARTOUT OU SOUS LE BISEAU OU LES DEUX. ELLE EST GÉNÉRALEMENT ÉTROITE : DE 0,1 À 0,3 CM, MAIS PEUT AUSSI REMPLACER UN DEUXIÈME PASSE-PARTOUT AVEC UN DÉPASSEMENT DE 0,5 À 1 CM. LA TECHNIQUE VARIE SELON LE GRAMMAGE DU PAPIER UTILISÉ.

EXEMPLES DE SOUS-CARTES

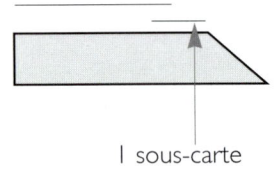

I sous-carte

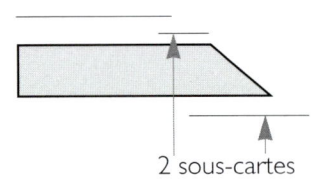

2 sous-cartes

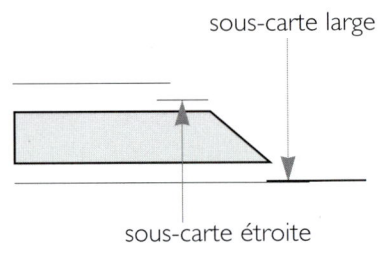

sous-carte large

sous-carte étroite

DIMENSIONS À DONNER AUX ÉLÉMENTS DE LA MARGE

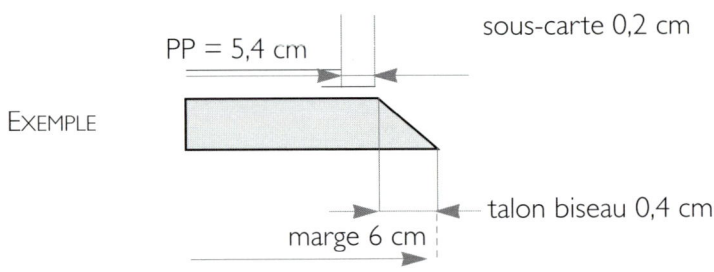

PP = 5,4 cm

sous-carte 0,2 cm

EXEMPLE

talon biseau 0,4 cm

marge 6 cm

GRAMMAGE FORT

▶ **1** Coupez quatre bandes sous-carte de 3 cm de largeur et de la longueur des côtés de la fenêtre à garnir plus 2 cm, en tenant compte du sens d'allongement du papier (voir page 31). Pour le 1er côté, marquez quelques repères en bordure de la bande, au compas pointes sèches, pour marquer la valeur de la sous-carte.

▶ **2** Coupez un angle à 45°, positionnez la bande sous un des côtés de la fenêtre à garnir. Tracez le 2e angle de la fenêtre sur la bande et coupez-le à 45°. Encollez le dos de la fenêtre à garnir d'un filet de colle. Posez la bande en place.

3 Garnissez le côté opposé au premier de la même manière. Puis collez les bandes sous les deux autres côtés sans découpe d'angle.

Marquage des repères sur la bande sous-carte

Mise en place de la bande sous-carte

Conseil :
Pour une sous-carte de plus de 0,3 cm de large, même les papiers «grammage fort» se déformeraient.
On appliquera donc la méthode utilisée pour les grammages très légers, avec une carte supplémentaire.

GRAMMAGE LÉGER

1 Coupez les quatre bandes sous-carte comme dans le cas d'un grammage fort.

2 Tracez sur chacune des bandes un trait de plioir sur l'envers, pour marquer le milieu dans le sens de la longueur. Pliez sur le trait et encollez toute la longueur d'un filet de colle. Mettez sous presse quinze minutes.

3 Les bandes ainsi pliées et collées seront mises en place suivant la méthode précédente (voir page 45).

GRAMMAGE TRÈS LÉGER

Il s'agit par exemple du papier or ou du papier japon. Même doublé ce papier n'aurait pas de tenue sous la fenêtre à garnir.
Il est nécessaire de couper une carte supplémentaire aux mêmes dimensions que les autres éléments du paquet (carte bulle ou carte Rigidex 250 pour un travail plus fin).

1 Ouvrez la fenêtre du passe-partout et tracez cette fenêtre sur la carte Rigidex.
Au compas pointes sèches portez à l'intérieur de ce tracé la valeur de la sous-carte et ouvrez la fenêtre de la sous-carte.

2 Découpez quatre bandes sous-carte de 3 cm de large et de 2 cm de plus que la longueur des côtés de la fenêtre à habiller.

3 Pliez les bandes au milieu dans le sens de la longueur. En prenant la mesure du côté à habiller, coupez les angles à 45° avec le gabarit d'angle.

4 Encollez l'intérieur des bandes puis mettez-les en place sur les côtés de la fenêtre à habiller.

APPLICATION DE LA SOUS-CARTE AUX DIFFÉRENTES FORMES DE FENÊTRE-IMAGE

Pour les fenêtres octogonales, fabriquez dans une carte bulle un gabarit d'angle correspondant à la bissectrice pour pouvoir tailler l'angle des bandes de la sous-carte.
Pour les fenêtres rondes ou ovales, taillez une 2ᵉ carte et habillez-la comme un passe-partout.

APPLICATION DE FILETS SUR LE PASSE-PARTOUT

Comme la sous-carte, le filet apporte élégance et raffinement.
En général, le filet est de 0,2 cm et est placé à environ 1 cm de la fenêtre-image. Il peut remplacer un décor de lavis, il sera alors plus large (de 0,5 à 1 cm).

1 Pour couper les filets dans la feuille de papier, tenez compte du sens du papier (voir page 31). Au compas pointes sèches, pointez la largeur du filet en bordure de la feuille et coupez au cutter le long du réglet à la longueur choisie plus 3 cm.

2 Sur le passe-partout, à partir des bords de la fenêtre, pointez deux repères par côté.

3 Au plioir, tracez le guide de collage des filets passant par ces repères.

Encollage du filet sur la plaque à glacis

◄4 Encollez la plaque à glacis de colle blanche. Au plioir, plaquez le filet à coller sur le glacis puis transférez-le sur le passe-partout en l'appliquant le long du guide de collage (placez deux petits rectangles de papier de protection aux extrémités du guide de collage sur le passe-partout pour éviter les taches de colle).
Laissez les deux extrémités du filet dépasser.

◄5 Collez les quatre filets puis coupez les angles à 90° ou à 45°.

Conseil :
Un petit carton de protection placé sous chaque angle au moment de la coupe évite d'entamer le passe-partout avec la lame.

Coupe des angles des filets

Techniques particulières

LE BISEAU INVERSÉ

LE BISEAU INVERSÉ PERMET DE PRÉSENTER LE DOCUMENT EN RELIEF ET DE DONNER DE L'IMPORTANCE À DES DÉTAILS LORSQUE LE DOCUMENT EST DE PETITES DIMENSIONS.

VUE EN COUPE DU TRAVAIL À RÉALISER

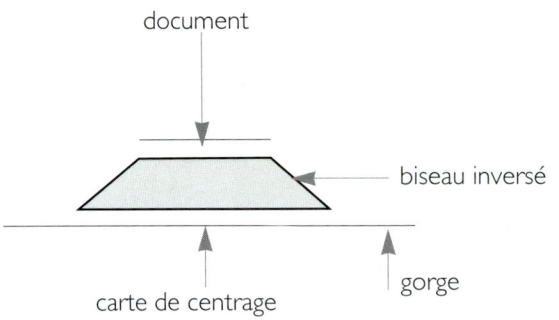

document

biseau inversé

carte de centrage

gorge

Souvent réalisé en 3 mm d'épaisseur, il peut être taillé en 2 mm d'épaisseur pour des documents de dimensions inférieures ou égales à 10 cm.

1 Portez le tracé du document sur le carton à biseau, et ouvrez le biseau avec le cutter à biseau, de manière que la pente s'écarte des bords du document.

2 Pour habiller le biseau, coupez quatre bandes dans le papier d'habillage de 3 cm de large et de 4 cm de plus que la longueur du côté à habiller en tenant compte du sens du papier (voir page 31).

3 Pliez les bandes sur les arêtes du biseau, marquez les repères d'angles et coupez à 45°.

4 Collez les bandes d'habillage et, avec un matériau de même épaisseur, comblez le dessus du carton pour que les bandes d'habillage ne s'impriment pas dans le document.

5 Fixez le document au biseau inversé habillé (voir «Fixation du document», page 23).

6 Choisissez la dimension de la gorge et celle de la marge pour déterminer les dimensions de tous les éléments du paquet. Terminez suivant la méthode du biseau 45° ou du biseau droit.

Conseil :

Dans ce type de montage, la carte de centrage du document est visible (gorge entre la base du biseau inversé et celle du biseau de la marge), vous devrez l'habiller comme un passe-partout. Les repères de centrage sur la gorge seront portés au plioir, dans les angles du biseau inversé pour ne pas salir la gorge. Si vous choisissez de mettre une cale sous la marge, habillez-la (voir «Habillage biseau droit», 3e cas page 40).

EXEMPLES DE BISEAUX INVERSÉS

▶ Biseau inversé dans un biseau

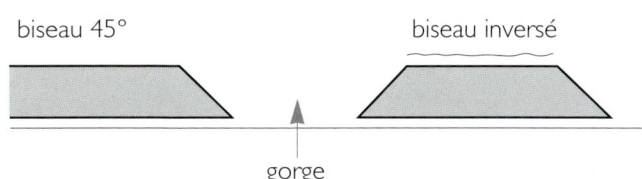

▶ Biseau inversé servant uniquement de cale non visible

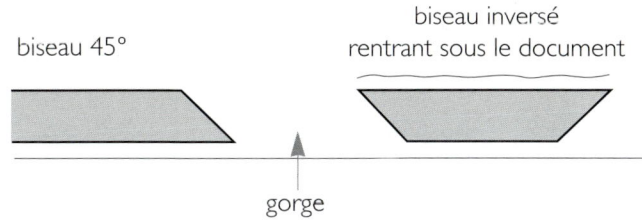

▶ Cale invisible permettant d'isoler le document du verre et donnant aussi une très jolie profondeur

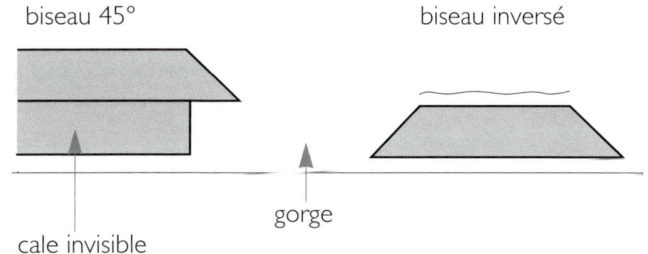

▶ Le document peut se trouver isolé du verre par un 2e biseau

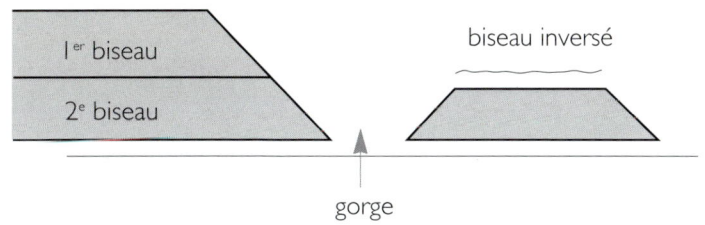

▶ Le document peut se trouver isolé du verre par des cales sur le biseau entre le biseau et le verre.

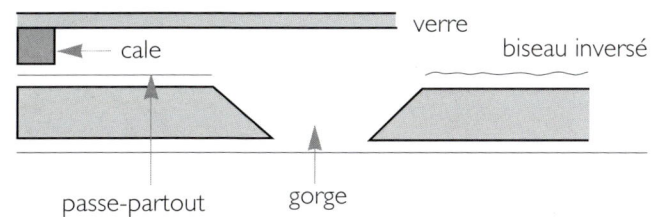

Le biseau d'accompagnement peut être coupé à 45° ou droit, et être associé, comme le biseau inversé, à des jeux de sous-cartes.

LE LAVIS

LE LAVIS CONVIENT AUX GRAVURES CLASSIQUES : SCÈNES DE CHASSE, DESSINS, GRAVURES DE VIEILLES DEMEURES, GRAVURES DE MODE. IL CONVIENT AUSSI À L'ENCADREMENT D'ŒUVRES CONTEMPORAINES DONT ON SOUHAITE SOULIGNER L'UNE DES COULEURS.

Le lavis est composé d'un ensemble de filets tracés à l'encre, ou appliqués, découpés dans du papier or ou du papier reliure, et d'une bande peinte à l'aquarelle. Le lavis au pochoir, moucheté à l'éponge ou tamponné à la brosse dure convient souvent aux œuvres contemporaines et n'est pas nécessairement encadré de filets d'encre.

Le lavis traditionnel est un décor architecturé de filets d'encre qui bordent la fenêtre image et encadrent la bande peinte à l'aquarelle.
Ces filets sont d'épaisseur différentes et dans la plupart des cas plus épais en bordure de l'aquarelle. Ce sont ces tracés à l'encre et la transparence de la bande peinte qui feront son élégance.

Dans le lavis décoré, la bande peinte à l'aquarelle est accompagnée d'ornements empruntés au style de la gravure. C'est la juste proportion entre les éléments graphiques du document et ceux du décor de lavis qui feront la réussite de cet encadrement.

Matériel à lavis

Travaillez de préférence votre passe-partout dans du contre-collé. Il en existe de très belles gammes fabriquées spécialement pour les travaux de lavis. Si toutefois vous souhaitez faire vous même votre passe-partout, testez le papier avant de réaliser l'habillage, en traçant quelques traits à l'encre pour vous assurer que celle-ci ne fuse pas.

Pour la préparation du passe-partout, coupez la fenêtre-image suivant la méthode expliquée dans la partie «Techniques générales» (voir page 17).

Le passe-partout pourra être accompagné d'un biseau à 45°, mais celui-ci sera habillé du même papier que le passe-partout, car ce sont le lavis et le décor de filet qui créent la profondeur. Dans le cas d'un passe-partout de grandes dimensions, il est possible de réaliser un biseau (droit en retrait – voir «Biseau droit» page 40) pour assurer une bonne rigidité au passe-partout.

Quel que soit le choix du lavis (lavis au pochoir ou lavis traditionnel), il faut préparer un projet grandeur nature, sur une chute de contrecollé de la même couleur que le passe-partout.

Tracez les filets, puis déterminez l'emplacement du filet papier à appliquer.

Faites des tests de couleur ; attention, n'oubliez pas de préparer suffisamment de peinture pour pouvoir peindre ensuite le passe-partout dans sa totalité.

Évitez les intervalles trop réguliers entre les filets.

LAVIS AU POCHOIR

Au portemine, portez sur la réglette du gabarit à lavis les points correspondant au décor réalisé sur le projet. Reportez-les avec précision dans les angles de la fenêtre du passe-partout.

Lavis au pochoir

Collez les bandes de ruban adhésif repositionnable d'un point d'angle à l'autre pour délimiter la surface à peindre. Tamponnez avec les petits morceaux d'éponge ou de coton la (ou les) couleur(s). Laissez sécher avant de retirer le ruban.

Il est possible pour ce lavis fantaisie de ne faire aucun filet à l'encre et d'habiller le biseau soit avec un papier de couleur, soit avec un papier peint avec les couleurs utilisées pour le décor.

LAVIS TRADITIONNEL

Pointez les repères dans les angles avec le gabarit à lavis. Ne tracez au portemine que les contours de la réserve à peindre. Au pinceau, mouillez à l'eau claire la réserve. Sur la surface humide, lorsqu'elle ne brille plus, coulez la couleur au pinceau. Commencez dans un angle, coulez la couleur jusqu'à l'autre angle, reprenez de la couleur au pinceau si nécessaire et coulez la couleur jusqu'à l'angle suivant. Travaillez rapidement pour revenir au premier angle avant qu'il ne soit sec. Il est possible de faire un deuxième passage de couleur sur le premier, pour estomper les irrégularités.

Lorsque la couleur est sèche, tracez les filets à l'encre avec le tire-ligne (ou le stylo) et la règle antitaches en commençant par le filet le plus proche de la fenêtre et en tournant pour fermer les quatre côtés du filet. Laissez sécher les filets à l'encre et finissez en appliquant le filet papier entre deux filets d'encre (voir «Application de filets», page 47).

LAVIS EN ROND

Suivez la méthode de construction de la page 32 (voir «Fenêtre ronde à écoinçons»).

Tracez au compas crayon (mine 2H) très léger le décor à peindre et les écoinçons sur le passe-partout. N'ouvrez pas la fenêtre-image. Travaillez comme pour le lavis traditionnel en coulant la couleur dans la réserve ronde. Mouillez les écoinçons et peignez-les. Tracez tous les filets à l'encre. Ouvrez la fenêtre du passe-partout.

LAVIS À L'ANCIENNE

Il consiste en un dégradé, du plus clair au plus foncé (partant de la fenêtre jusqu'à la moulure). Pour peindre la bande la plus foncée, utilisez les pinceaux-mousse afin de peindre rapidement toute la réserve.

LAVIS DÉCORÉ

Il consiste en une ornementation à l'aide d'éléments repris sur le document (feuilles, fleurs, fruits, rubans). Les ornements sont dessinés sur un calque et transférés du calque au passe-partout avant d'être peints.

POSE DU FILET PAPIER

Utilisez un papier souple. Travaillez-le sur la plaque à glacis en encollant la plaque d'un mélange de colle blanche et de Tylose (10%). Appliquez-le en plusieurs fragments si le cercle dépasse 10 cm de diamètre.

LE PASSE-PARTOUT FANTAISIE

L'INCRUSTATION D'ÉLÉ-
MENTS EN RELIEF DANS LE
PASSE-PARTOUT VOUS PER-
METTRA DE GARDER UNE
MARGE CLAIRE AUTOUR
DE VOTRE DOCUMENT
TOUT EN APPORTANT UNE
NOTE DE FANTAISIE. AVEC
LA MARQUETERIE DE PAPIER
VOUS POURREZ PROLON-
GER LES MOUVEMENTS ET
LES LIGNES DU DOCUMENT,
JOUER LES CAMAÏEUX OU
BIEN LES CONTRASTES.

INCRUSTATIONS

Matériel :
Papier cristal (pour façonner
 les éléments du relief)
Embossoir
Tylose diluée
Colle blanche
Fil-ficelle, carte bulle, Rigidex
 pour réaliser les éléments
 à incruster
Papier d'habillage «grammage
 léger ou très léger»,
 de préférence de couleur claire
 pour un bon relief

▶1 Pour préparer les éléments à incruster, découpez-les dans la carte choisie, limez-les et gommez-les avant de les coller à la colle blanche sur le passe-partout.

2 Préparez l'habillage du passe-partout suivant la méthode de collage «Grammage très léger» (voir page 18).

▶3 Façonnez les éléments à l'embossoir en marquant chaque contour sur le papier cristal. Mettez sous presse et terminez suivant les méthodes habituelles.

Collage des éléments à incruster

Incrustation à l'embossoir

MARQUETERIE DE PAPIER

Matériel :
Tous papiers d'habillage (à condition de les choisir dans une même catégorie de grammage pour avoir des allongements identiques)
1 feuille de papier calque

1 Préparez le passe-partout et ouvrez sa fenêtre-image.

2 Sur la feuille de calque, tracez les bords extérieurs du passe-partout et ceux de la fenêtre ainsi que les motifs de la marqueterie. Coupez les feuilles de couleur aux dimensions extérieures du passe-partout. Superposez ces feuilles et posez le calque par-dessus en fixant l'ensemble aux quatre angles par une épingle.

Découpe des papiers pour la marqueterie

▲3 Coupez selon les tracés du calque les motifs de la marqueterie. Pour les motifs traversant la marge, prolongez ces coupes à l'intérieur de la fenêtre. Triez les pièces de couleur utilisées pour le décor puis collez-les sur le passe-partout suivant la méthode de collage appropriée au grammage du papier choisi (voir page 18).

Techniques particulières

LE BISEAU FRANÇAIS

NOTE DE RAFFINEMENT POUR UN PAYSAGE, D'ÉLÉGANCE POUR UN PORTRAIT ANCIEN, NOTE DE TENDRESSE SUR UN VISAGE D'ENFANT DANS UNE FENÊTRE RONDE OU OVALE, LE BISEAU FRANÇAIS NE POURRA QUE VOUS ENCHANTER. IL APPORTERA ÉGALEMENT UNE TOUCHE D'ORIGINALITÉ À VOS DOCUMENTS CONTEMPORAINS.

C'est grâce au mouvement impressionniste que l'on commence à reconnaître aux dessins une valeur décorative à part entière. C'est ainsi que, pour encadrer et protéger les œuvres «papier», naît une technique toute particulière à la France «le biseau français». Il est composé d'une carte incisée à mi-profondeur, maintenue sur un carton, «la brique» et collée à sa base à la sous-carte.

VUE EN COUPE DU TRAVAIL À RÉALISER

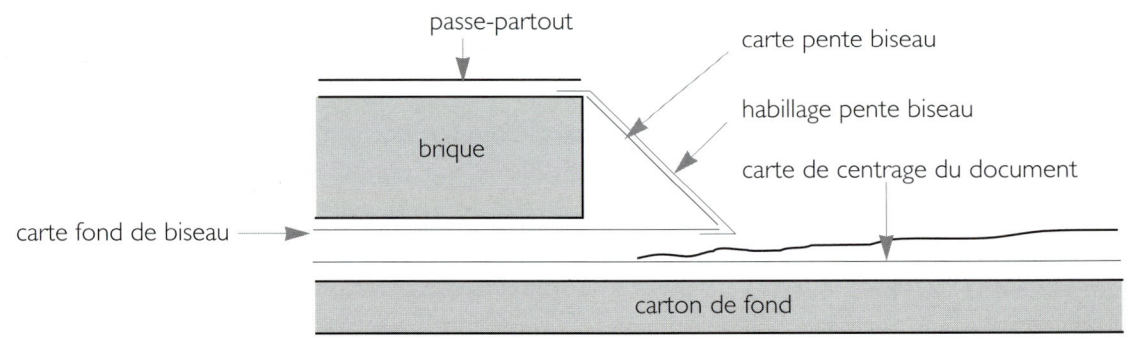

LES CLASSIQUES

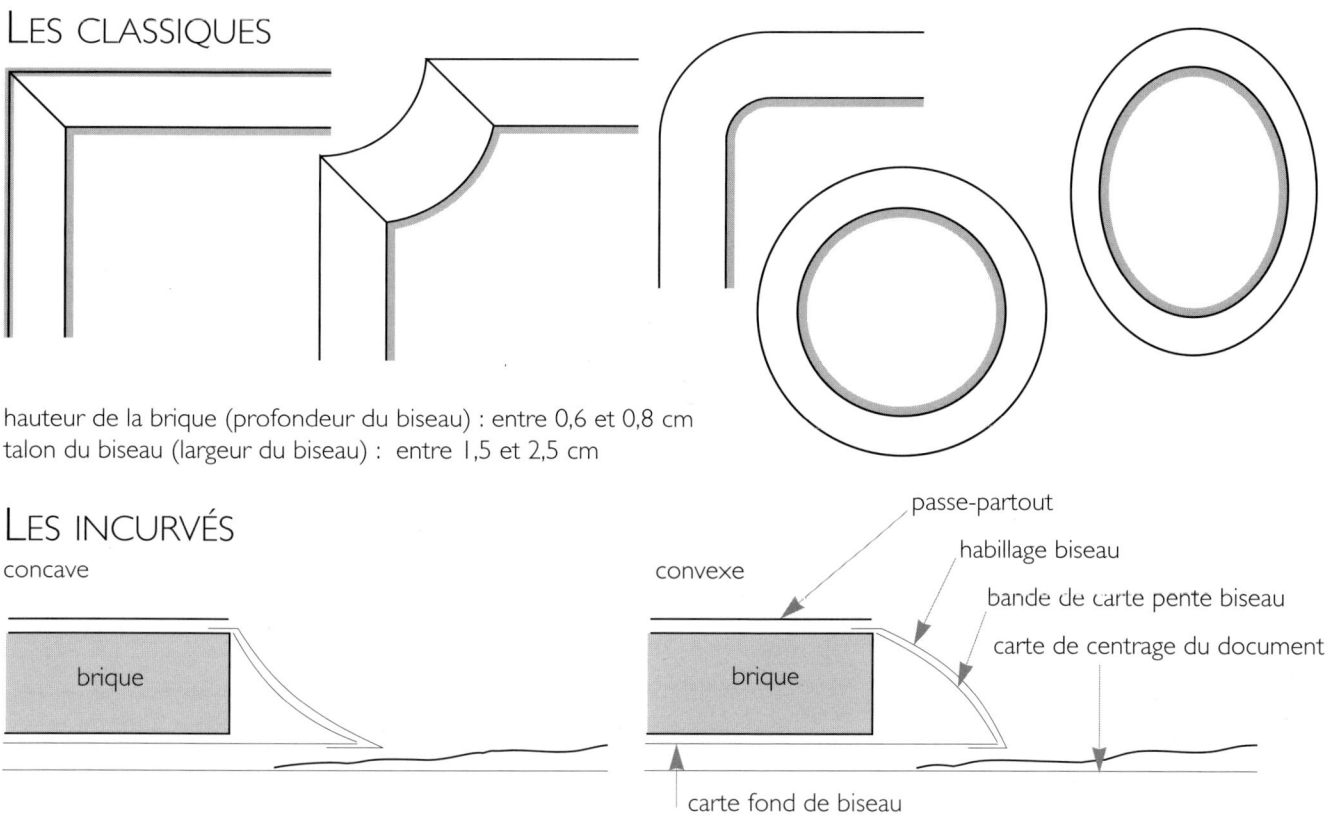

hauteur de la brique (profondeur du biseau) : entre 0,6 et 0,8 cm
talon du biseau (largeur du biseau) : entre 1,5 et 2,5 cm

LES INCURVÉS

concave

brique

convexe

passe-partout

habillage biseau

bande de carte pente biseau

carte de centrage du document

brique

carte fond de biseau

LES DIFFÉRENTS ÉLÉMENTS

LE PASSE-PARTOUT
Carte bulle habillée
ou contrecollée.

LA BRIQUE
Superpositions de carton-bois
pour les profondeurs
de biseaux inférieures à 1 cm.
soit deux fois 0,2 mm (biseaux
rond et ovale) deux fois 0,3 mm
(pour les plus classiques) ;
carton-mousse pour les
profondeurs supérieures ou
égales à 1 cm afin de limiter
le poids dans le paquet
(encadrements contemporains
et boîtages à pentes).

LA CARTE FOND DE BISEAU
En carte bulle, elle tiendra
la base de la bande biseau.

LA BANDE DE CARTE PENTE BISEAU
En carte Rigidex pour
les biseaux de petites tailles
(longueur de biseau inférieure
ou égale à 15 cm, largeur
de biseau inférieure ou égale
à 2 cm). En carte bulle pour
les biseaux de dimensions
supérieures ou égales à 15 x 2 cm.

HABILLAGE DU BISEAU
Tous matériaux avec une préférence pour les grammages
légers et très légers.

CARTE DE CENTRAGE DU DOCUMENT
Voir Matériaux de base page 12.

CARTON DE FOND
Voir Matériaux de base page 12.

LES CONTEMPORAINS
fenêtre-image régulière biseau de
largeur irrégulière

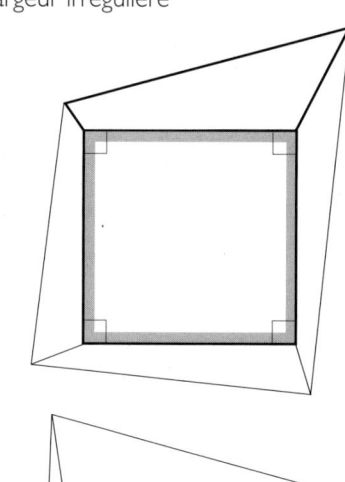

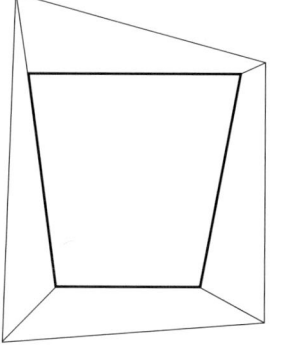

Techniques particulières

FENÊTRE-IMAGE À ANGLES DROITS

1 Après avoir choisi la largeur de la marge et celle du talon du biseau, déterminez les dimensions de tous les éléments du paquet et coupez-les.

2 Ouvrez la fenêtre-image du passe-partout et celle de la carte fond de biseau. Après avoir vérifié l'équerrage de ces deux fenêtres, habillez le passe-partout.

3 Tracez le contour de la fenêtre du passe-partout sur le premier carton de la brique. Ouvrez sur ce tracé en coupe droite et répétez cette opération sur chacun des cartons de la brique.

4 Assemblez les éléments de la brique par un collage en plein et la brique à la carte de fond de biseau par un collage de maintien (collage léger, pour éviter la déformation de la carte fond de biseau).

5 Préparez les bandes de doublure de carte pente biseau en carte Rigidex ou carte bulle suivant les dimensions (voir page 57). Mesurez la pente du biseau entre l'arête supérieure de la brique et celle de la carte fond de biseau. Coupez les quatre bandes de carte à la largeur mesurée et à la longueur de chacun des côtés du biseau. Vérifiez les bandes en place et numérotez-les sur l'envers.

▼6 Habillez les bandes carte pente biseau des deux grands côtés en tenant compte du sens du papier (voir page 31) et en prévoyant 2 cm de plus tout autour pour les rembords. Encollez le dessus de la carte pente biseau et posez l'habillage sur la colle. Mettez sous presse cinq minutes. Marquez au plioir le pli des rembords, sur toute la longueur, en bordure de la carte pente biseau. Pour la découpe des angles d'habillage, posez la bande en place et pointez les repères d'angles, à la base du rembord inférieur. Coupez à 90° l'angle de ce rembord et à 45° celui du rembord supérieur.

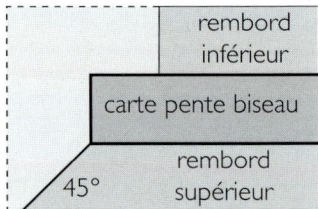

DÉCOUPE DE L'ANGLE D'HABILLAGE DES GRANDS CÔTÉS

Découpe et pose de l'habillage du biseau

Mettez en place la bande ainsi
découpée dans ses deux
angles. Tracez sur le dessus de
la brique l'emplacement du
rembord et encollez-le.
Rabattez ce rembord sur la
colle. Procédez de même sous
la carte fond biseau, pour le
collage du rembord inférieur.

7 Une fois les grands côtés en
place, posez les bandes carte
pente biseau des petits côtés
sur leurs emplacements
respectifs et pointez les
repères d'angles aux arêtes
inférieures et supérieures.
Coupez les angles de ces
cartes entre les points de
repère ainsi marqués.
Habillez ces deux cartes en
prévoyant 2 cm de plus tout
autour. Découpez les angles
des rembords.

rembord latéral

rembord
inférieur

carte pente
biseau

rembord
supérieur

DÉCOUPE DE l'ANGLE
D'HABILLAGE DES PETITS COTÉS

Marquez les plis le long de la
carte et au plioir, rabattez les
rembords latéraux sur l'envers.
Mettez ces bandes en place, en
collant les rembords latéraux sur
l'angle des grands côtés puis les
rembords supérieurs et
inférieurs comme précédemment.
Finissez comme pour
les grands côtés.

FENÊTRE-IMAGE AUX COTÉS IRRÉGULIERS

1 Commencez comme
précédemment et coupez une
carte bulle supplémentaire qui
servira de gabarit pour
découper les bandes de carte
pente biseau. Sur cette carte
gabarit au même format que
tous les éléments du paquet,
tracez le contour de la fenêtre
du passe-partout et celui de la
carte bulle fond de biseau.

2 Préparez les bandes
de carte pente de biseau
en utilisant les quatre pièces
de la carte gabarit.

3 Ajuster les bandes de carte
des quatre côtés du biseau et,
comme dans le cas précédent,
mettez en place deux côtés en
vis-à-vis avant d'ajuster les
angles des deux autres côtés.

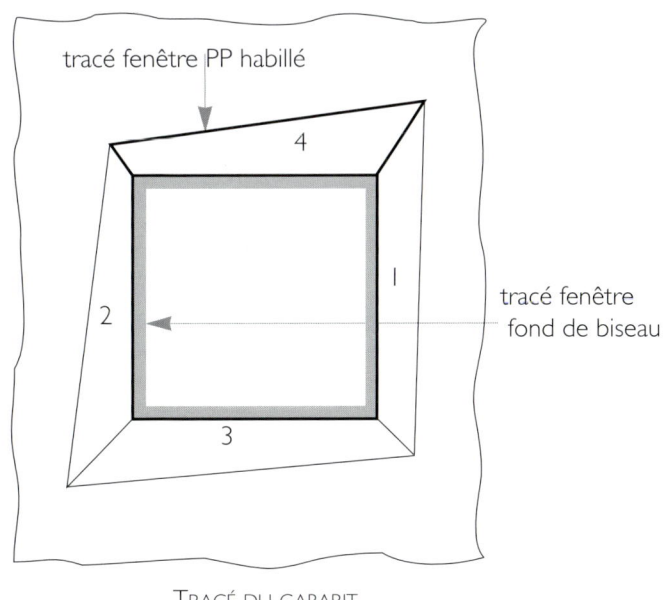

tracé fenêtre PP habillé

4

1

2

tracé fenêtre
fond de biseau

3

TRACÉ DU GABARIT

Techniques particulières

FENÊTRE-IMAGE À COINS ARRONDIS CONCAVES

L'habillage du passe-partout a été réalisé en marqueterie de papier bois.

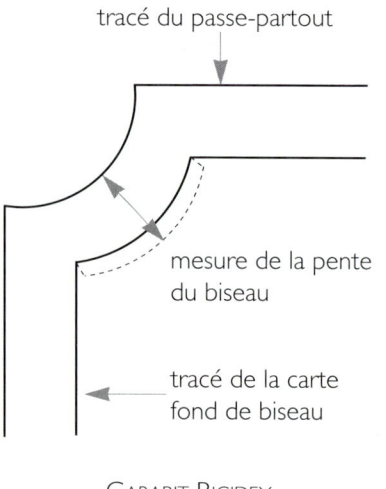

tracé du passe-partout

mesure de la pente du biseau

tracé de la carte fond de biseau

GABARIT RIGIDEX

décalage entre la mesure à plat et la mesure de la pente à la base des arrondis, sur le tracé. Découpez chacun des angles dans la carte Rigidex, habillez-les et mettez-les en place en rabattant les rembords latéraux et en collant les rembords supérieurs et inférieurs après les avoir crantés.

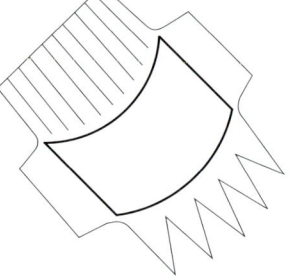

DÉCOUPE DE L'HABILLAGE DES COINS ARRONDIS

Pour une fenêtre-image à coins arrondis convexes, procédez comme pour le biseau à la française sur fenêtre ronde. Pour avoir une superposition rigoureuse, reportez avec beaucoup de soin les quatre centres de portions de cercle dessinant les angles.

1 Préparez tous les cartons comme précédemment et coupez une carte supplémentaire en Rigidex (pour les coins arrondis la carte bulle est trop cassante). Posez les quatre côtés rectilignes de la pente biseau suivant le procédé de pose des grands côtés du biseau à la française, fenêtre à angles droits (voir page 58).

2 Puis, sur la carte Rigidex, tracez le contour du passe-partout et celui de la carte fond de biseau. Mesurez la pente du biseau et reportez le

FENÊTRE-IMAGE RONDE

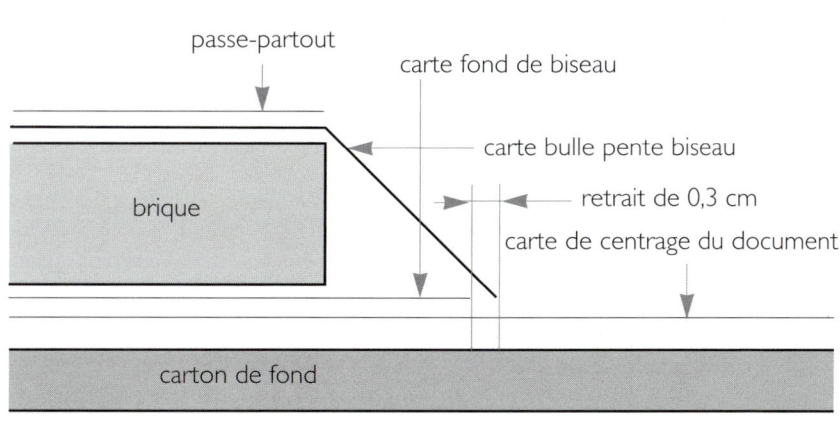

VUE EN COUPE DU TRAVAIL À RÉALISER

passe-partout

carte fond de biseau

carte bulle pente biseau

brique

retrait de 0,3 cm

carte de centrage du document

carton de fond

Pour habiller ce biseau choisissez un matériau d'habillage souple et léger. Le retrait de 0,3 cm par rapport au talon du biseau permet à la pente du biseau de descendre plus facilement.

Techniques particulières

1 Avant d'ouvrir les fenêtres au compas cutter, pointez à l'épingle le centre dans chacun des cartons à couper en rond.

Exemple :
fenêtre-image de rayon 5 cm
talon de biseau de 2 cm
rayon d'ouverture dans le
 passe-partout : 7 cm
rayon d'ouverture dans la carte
 fond de biseau :
7 – 1,7 = 5,3 cm
(1,7 cm étant le talon du biseau
diminué du retrait de 0,3 cm)

2 Lorsque le passe-partout est habillé, ouvrez la fenêtre dans les cartons de la brique et assemblez-ceux-ci à la carte bulle fond de biseau.

3 Préparez la carte pente biseau en traçant sur celle-ci le contour du passe-partout et le cercle correspondant à la pente du biseau. Coupez ces deux cercles, conservez la partie extérieure et l'anneau qui constituera le biseau et enlevez la partie centrale. Collez une articulation de kraft au dos des deux parties restantes de la carte pente, en réservant un rembord à la base. Ce rembord permettra de fixer la base du biseau à la carte de fond de biseau.

4 Collez la carte pente biseau à la brique et rabattez le rembord de kraft découpé en lanières sous la carte fond de biseau.

5 Pour habiller le biseau, découpez le papier d'habillage aux dimensions extérieures des cartons, encollez-le sur l'envers à la Tylose diluée et encollez le support à la colle blanche.

Conseil :
Pour une fenêtre-image ovale, construisez les ovales équidistants suivant la méthode expliquée page 32, puis travaillez comme pour le biseau à la française sur fenêtre ronde.

BISEAU FRANÇAIS INCURVÉ CONVEXE ET CONCAVE

Matériel :
Carte Rigidex pour les bandes
pente biseau : grammage 180 g
Papier d'habillage biseau :
grammage léger ou très léger
Bandes kraft gommé
pour façonner les incurvés
Presse cylindrique (barre
de bois de 3 cm de diamètre)

Procédez comme pour
le biseau français, fenêtre-
image à angles droits (voir
page 58).

1 Pour façonner la pente du
biseau, préparez dans la carte
un gabarit, de 5 cm de
longueur, pour déterminer la
largeur des bandes (suivant
l'arrondi choisi prévoir 1 ou
2 mm de plus que la pente
rectiligne). Puis, à l'aide de ce
gabarit, découpez les bandes
pente biseau dans la carte
Rigidex à la longueur des
côtés. Le cintrage des biseaux
se fait en collant, au dos de la
carte Rigidex, deux bandes de
kraft et en maintenant le
collage quelques minutes sur
la presse cylindrique. Lorsque
le cintrage d'une bande est
prêt, collez l'habillage, lissez-
le sur la presse cylindrique et
mettez-le en place.
Faites les découpes d'angles
en crantant les rembords
latéraux des petits côtés.

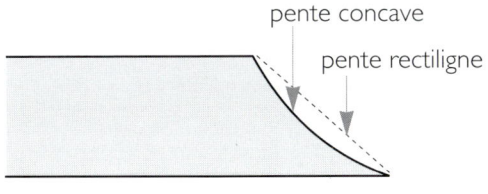

pente concave

pente rectiligne

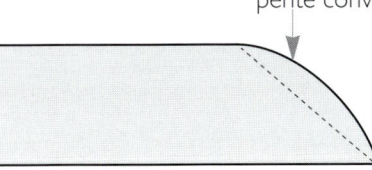

pente convexe

largeur des bandes incurvées =
pente rectiligne + 1 ou 2 mm

Techniques particulières

ASSOCIATIONS DE TECHNIQUES

IL EST POSSIBLE D'ASSOCIER BISEAUX À 45°, COUPES DROITES ET BISEAUX À LA FRANÇAISE OU D'ORNER D'UN DÉCOR DE LAVIS LA PENTE D'UN BISEAU À LA FRANÇAISE.

SUPERPOSITION DE BISEAUX EN ESCALIER

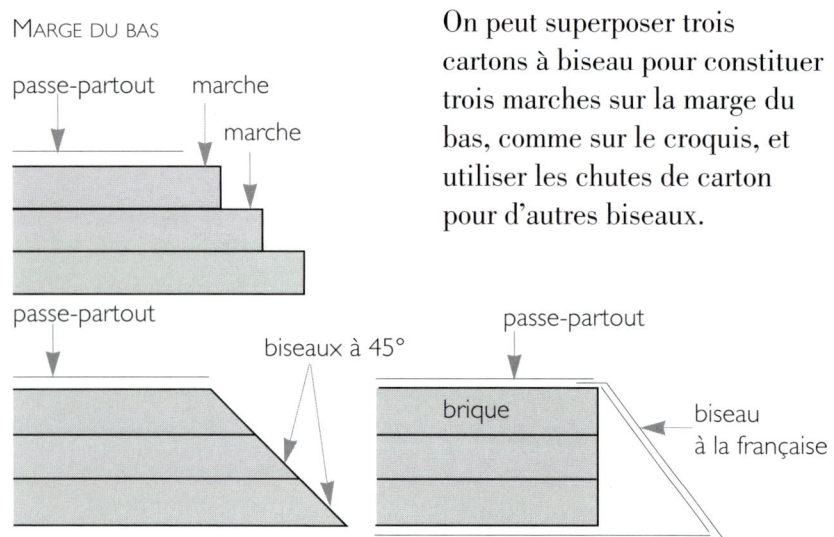

MARGE DU BAS

passe-partout   marche

marche

passe-partout

biseaux à 45°

passe-partout

brique

biseau à la française

EXEMPLE D'UTILISATION DES CARTONS BISEAUX
SUR LES AUTRES CÔTÉS DE LA FENÊTRE-IMAGE

On peut superposer trois cartons à biseau pour constituer trois marches sur la marge du bas, comme sur le croquis, et utiliser les chutes de carton pour d'autres biseaux.

Les biseaux à 45° peuvent être habillés séparément ou ensemble ; dans ce dernier cas, doublez d'une carte l'habillage, pour un résultat très net.
Travaillez les raccords d'angles entre les biseaux à 45° et les coupes à 90° en préparant un gabarit en carte Rigidex fine pour prendre les mesures exactes des découpes à reporter sur l'habillage.

LAVIS SUR BISEAU À LA FRANÇAISE

1 Pour habiller le biseau, choisissez un papier sur lequel on pourra tracer des filets à l'encre de Chine sans que celle-ci ne fuse. Pour la préparation des biseaux, coupez les quatre bandes de carte pente biseau (voir «Biseau français» fenêtre à angles droits, page 58). Coupez les quatre bandes d'habillage. Attention au sens du papier (voir page 31).

2 Travaillez le décor sur les habillages des deux grands côtés. Posez les deux bandes d'habillage côte à côte et pointez simultanément les repères avec le compas sur ces deux bandes. Puis travaillez couleurs et filets suivant la méthode du lavis (voir page 51). Laissez sécher. Collez les habillages de ces deux côtés sur les cartes pente biseau et mettez-les en place.

3 Placez les deux cartes pente biseau des petits côtés dans leurs emplacements respectifs en les maintenant en place avec un ruban adhésif repositionnable. Pointez les repères du décor des grands côtés (déjà en place) dans les angles des petits côtés.

Posez les cartes pente biseau sur les bandes d'habillage et reportez les repères. Travaillez le décor comme précédemment et collez les habillages sur les cartes pente biseau. Mettez les petits côtés en place suivant la méthode expliquée page 59.

LA VITRINE

C'EST UN MONTAGE QUI PERMET D'ENCADRER TOUTES SORTES D'OBJETS AYANT
UNE ÉPAISSEUR IMPORTANTE, FIGURINES, STATUETTES, FÈVES, ETC.

DIMENSIONS À DONNER AUX ÉLÉMENTS

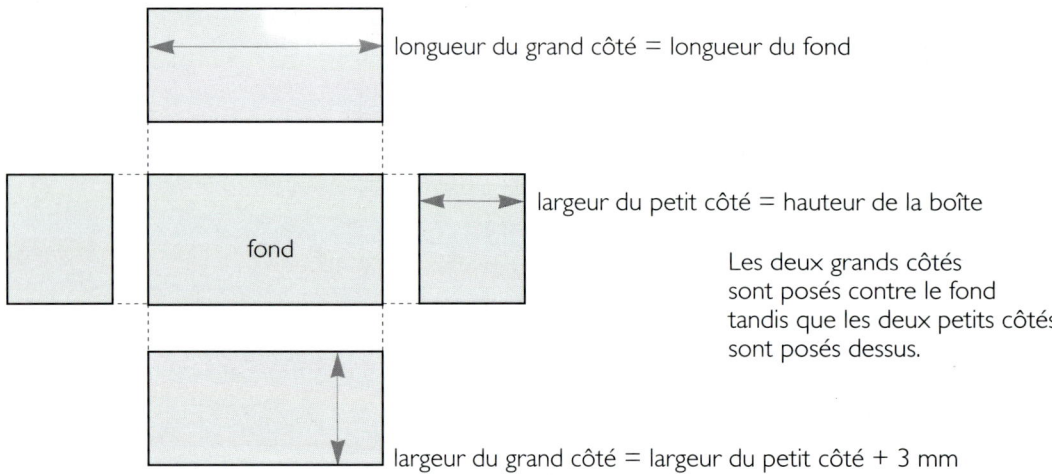

longueur du grand côté = longueur du fond

fond

largeur du petit côté = hauteur de la boîte

Les deux grands côtés
sont posés contre le fond
tandis que les deux petits côtés
sont posés dessus.

largeur du grand côté = largeur du petit côté + 3 mm

▶ **1** Commencez par assembler un grand côté au fond. Préparez deux bandes charnières en kraft gommé de la longueur du grand côté. Appliquez un filet de colle blanche sur la tranche du fond et la partie du grand côté à coller contre celui-ci. Pliez une des deux bandes de kraft, côté gommé à l'intérieur du pli. Collez-la à cheval sur le grand côté et l'extérieur du fond pour former l'angle. Pliez la 2ᵉ bande, côté gommé à l'extérieur du pli, collez-la à l'intérieur de l'angle formé par le fond et le grand côté. Collez le 2ᵉ grand côté, puis les deux petits qui seront maintenus entre les deux grands côtés par des charnières horizontales et verticales.

2 Lorsque le corps de boîte est terminé, reprenez les dimensions extérieures du fond. Taillez un carton de fond de 2 mm d'épaisseur à ces dimensions. Fixez deux anneaux (voir page 26) et collez le carton de fond en plein sur le fond de la boîte. Avant d'habiller l'extérieur de la boîte, taillez une carte pour couvrir chaque côté afin que les montants soient très nets. Collez en plein ces cartes et poncez les arêtes.

Collage des petits côtés

▶ **3** Pour l'habillage extérieur de la vitrine, coupez une bande d'habillage de la longueur du périmètre extérieur de la boîte plus 1 cm, et de la hauteur de la boîte plus 4 cm. Marquez au plioir un guide de collage à 2 cm du bord inférieur de la bande et faites un pli de 1 cm sur la largueur. Encollez les montants de la boîte. Appliquez la bande d'habillage en plaçant le pli de 1 cm sur le dessus de la boîte. Collez en tournant tout autour et lissez. Taillez les angles des rembords à 45° et rabattez-les.

4 Pour l'habillage intérieur de la vitrine, préparez une carte correspondant à chaque partie de la boîte à habiller. Commencez par le fond, collez l'habillage à la carte et laissez les rembords libres. Coupez les angles à 45°. Posez cette carte habillée sur le fond de la boîte et collez les rembords sur les montants. Habillez les cartes de deux montants en vis-à-vis.

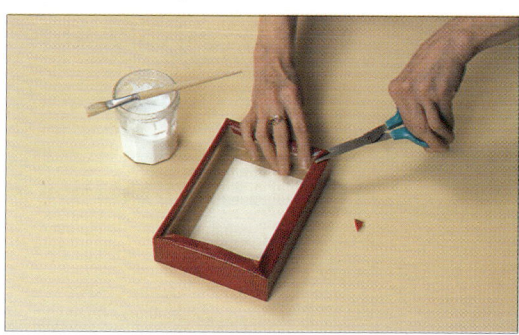

Coupe à 45° des angles des rembords

Rembordez les en haut et en bas de la carte. Posez la carte sur les montants et collez les rembords latéraux sur les côtés opposés. Puis mettez en place les deux derniers habillages, rembordés au dos de la carte avant d'être posés.

5 Fixez les éléments dans la vitrine. Pour la fermer, taillez le verre aux dimensions extérieures de celle-ci. Collez-le dans la moulure et collez la moulure aux montants de la boîte.

Pour un couvercle amovible, choisissez une moulure ayant au moins 15 mm de profondeur de feuillure pour avoir un bon emboîtement.

L'ENTRE-DEUX-VERRES

CE MONTAGE SOBRE ET DÉPOUILLÉ SERA PARTI-CULIÈREMENT INTÉRES-SANT CHAQUE FOIS QUE VOUS VOUDREZ INSISTER SUR LA TRANSPARENCE.

MONTAGE SIMPLE

Matériel :
Tasseau de balsa 5 × 5 mm
Colle Araldite à prise rapide

1 Taillez les deux verres aux mêmes dimensions.
Coupez une feuille de papier à ces dimensions et tracez le centrage du document. Nettoyez l'un des verres et posez-le sur la feuille de centrage, collez le document sur le verre dans ses repères et mettez sous presse entre deux ais, avec un buvard.

2 Nettoyez le 2ᵉ verre et fermez le paquet. Pour une finition en sous-verre simple, voir chapitre «Sous-verre simple» page 27. Pour une finition avec moulure, encollez d'un filet de colle à bois toute la feuillure de cette moulure, posez le paquet dans le cadre retourné, et collez un tasseau tout autour dans la feuillure de la baguette, au dos du paquet.

VUE EN COUPE DU TRAVAIL À RÉALISER

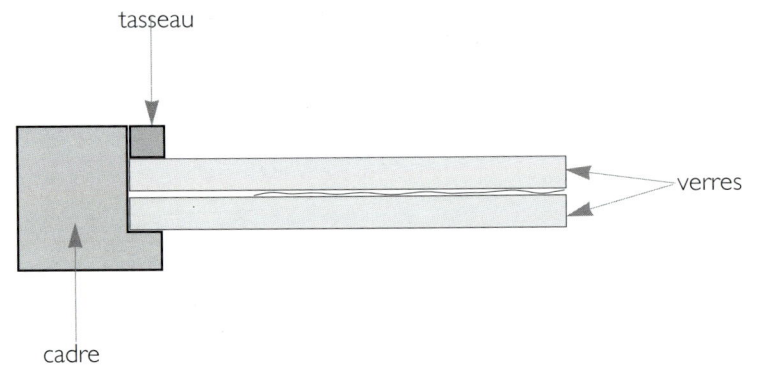

tasseau

verres

cadre

MONTAGE AVEC UN PASSE-PARTOUT SOUS LE 2ᴱ VERRE

1 Avec un cutter, coupez un passe-partout. Choisissez de préférence un carton de 3 mm d'épaisseur pour qu'il ne se déforme pas, et ouvrez une fenêtre en coupe droite.

2 Habillez-le. Avant de remborder la fenêtre, collez sur les chants du carton, dans les angles, une petite bande d'habillage et rabattez les rembords.

3 Collez le document comme précédemment et fermez le paquet avec l'épaisseur du passe-partout, puis fixez le paquet dans le cadre avec des pointes (voir page 29).

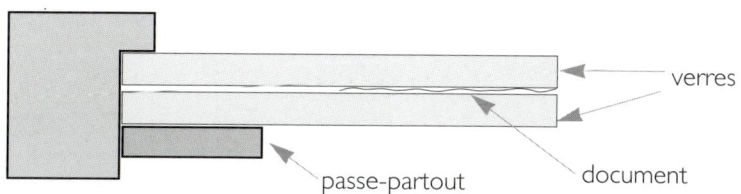

verres

document

passe-partout

FIXATION DE L'ENTRE-DEUX-VERRES

Le document est opaque

1 Préparez le carton de fond aux dimensions du document diminuées de 2 cm. Fixez l'anneau et centrez le carton de fond au dos du paquet, derrière le document.

2 Collez le carton de fond à la colle blanche pour les formats inférieurs à 30 x 40 cm. Collez des bandes de kraft, sur toute la surface de centrage du carton de fond, sur le verre. Laissez sécher. Encollez le carton de fond et posez-le sur la surface de kraft. Pour les grands formats, rayez le verre avec une chute de verre dans les repères de centrage du carton de fond. Encollez à l'Araldite le dos du carton de fond et le verre. Collez le carton. Mettez sous presse légère.

Le document est transparent

Fixez deux pitons au dos de la baguette, en les réunissant par une cordelette, ou bien, si l'entre-deux-verres est monté avec un passe-partout sous le 2ᵉ verre, découpez un petit carton de fond qui portera l'anneau et fixez-le au dos du passe-partout sous le 2ᵉ verre.

Techniques particulières

Décors de baguettes

LES BOIS ET LES ORNEMENTS À TRAVERS LES STYLES

L'ORIGINALITÉ D'ORNEMENTALISTES INVENTIFS CHERCHANT À DIVERSIFIER LE RÉPERTOIRE DÉCORATIF, LE TRAVAIL SANS CESSE RENOUVELÉ, LES PROUESSES TECHNIQUES DES ARTISANS DU BOIS FONT LA RICHESSE ORNEMENTALE DU CADRE «LA BORDURE» AU FIL DU TEMPS.

Au Moyen Âge, toutes les caractéristiques du cadre sont présentes avec le retable, «meuble» fait de tableaux, mais elles ne s'affirment qu'à la Renaissance lorsqu'apparaît le tableau dit «de chevalet», peinture amovible.

Avec ces peintures de petites tailles : portraits, natures mortes destinées aux salles d'apparat, la fonction du cadre, limite extérieure du tableau, se définit. Le cadre dispose des éléments de l'architecture et l'ornementation emprunte ses

formes aux modèles antiques : chapiteaux, linteaux de portes, moulures ornées d'oves, de palmettes, d'olives, de feuilles d'acanthe, de frises sculptées. Jusqu'au XXᵉ siècle, les motifs des cadres suivront l'évolution des styles ornementaux.

RENAISSANCE
Bois de chêne sculpté naturel ou doré, orné de feuilles de laurier, de rosettes et d'oves

LOUIS XIII
Bois d'ébène
Décors de fleurs et de fruits sculptés

LOUIS XIV
Bois sculpté, doré
Ornements de corbeilles de fleurs

RÉGENCE
Bois blonds ou dorés
Ornements de coquilles, crossettes d'acanthe

LOUIS XV
Acajou, bois peint, doré
Ornements de rocaille

LOUIS XVI
Bois d'acajou, bois de placage ou bois fruitier
Motifs d'acanthe tournant à la manière d'un ruban, nœuds, boucles, feuilles de laurier, perles, flambeaux, carquois

DIRECTOIRE
Orme, noyer, hêtre
Lignes sobres, géométriques, motifs de losanges, rosaces

EMPIRE
Acajou à canaux
Ornements d'abeilles, aigles, couronnes de feuilles de laurier

RESTAURATION
Bois clair : citronnier, loupe d'orme, sycomore
Marqueterie de palissandre

LOUIS-PHILIPPE
Apparition du cadre «pâtisserie»
Ornements de coquilles, feuilles en abondance, surcharge

NAPOLÉON III
Bois d'ébène, palissandre, laque noire
Introduction de techniques nouvelles (machines à bois)
Décors de papier mâché

ART NOUVEAU 1900
Bois peints
Motifs floraux très stylisés

ART DÉCO 1925
Acajou, ébène, palissandre, citronier
Arabesques, cadres de formes octogonale et ovale

Baguettes en ramin plaqué vernies au tampon :
1 érable blanc - 2 et 3 loupe de peuplier - 4 bouleau de Norvège - 5 loupe de peuplier - 6 loupe d'érable - 7 loupe d'orme - 8 et 9 filet buffard - 10 ramin plaqué noir filet damier - 11 filet de marqueterie - 12 bois de rose filet de marqueterie - 13 placage érable blanc filet de marqueterie - 14 sycomore gris filet de marqueterie - 15 sycomore vert filet de marqueterie - 16 sycomore bleu filet de marqueterie - 17 sycomore bleu filet de marqueterie - 18 pitchpin trois filets noirs - 19 acajou deux filets buis - 20 ronce d'acajou filet damier - 21 filets noirs - 22 filet de marqueterie
Baguettes en ramin plaqué, brutes :
23 à 25 loupe de peuplier

Décors de baguettes

LES DÉCORS DE BAGUETTES

SI LES STYLES DES CADRES ONT ÉVOLUÉ AVEC LES STYLES D'ARCHITECTURE ET DE MOBILIER SELON LES ÉPOQUES, LE CADRE EST LONGTEMPS RESTÉ UNE ŒUVRE À PART ENTIÈRE, PAR EXEMPLE UN CADRE DORÉ À PERLES LOUIS XVI POUVAIT TOUT AUSSI BIEN ORNER UN PORTRAIT QU'UN PAYSAGE. C'EST AU XIXᴱ SIÈCLE QUE LES PEINTRES ONT CHOISI, DESSINÉ LE CADRE QU'ILS SOUHAITAIENT POUR ACCOMPAGNER UNE ŒUVRE, OUVRANT AINSI LA VOIE AU CADRE CRÉATIF TEL QUE NOUS LE CONCEVONS AUJOURD'HUI.

Avant de faire votre choix pour le décor du cadre, essayez de définir votre projet esthétique.

Voulez-vous isoler l'image ou la prolonger sur le cadre, harmoniser le style du document avec le style de la moulure ?

Voulez-vous retrouver la matière du bois ou préférez-vous retrouver une des couleurs de la pièce où le cadre sera accroché ?

Souhaitez-vous que le cadre raconte une histoire, qu'il devienne une œuvre poétique, symbolique ou lyrique ?

Autant de questions auxquelles vous devrez répondre avant de vous lancer dans l'aventure ; tout au long de ce chapitre nous tenterons de vous y aider.

LE CHOIX DES MATÉRIAUX

LE CHOIX DES MATÉRIAUX EST TRÈS VASTE ET COMMENCE AVEC UNE TRÈS GRANDE VARIÉTÉ DE MOULURES PROPOSÉES PAR LES FOURNISSEURS. ELLES PEUVENT ÊTRE SUPERPOSÉES AVEC DES DÉCOUPES DIVERSES POUR UN JEU ORNEMENTAL.

Vous pourrez vous laisser séduire par des moulures dorées, aux ornements de coquilles, de végétaux, de nœuds, de perles, ou encore créer votre cadre de toutes pièces comme dans les quelques exemples qui suivent.

Carton ondulé, découpé en feston, dôme, fronton. Carton peint à la gouache ou orné de collages de timbres, chromos, etc. Lattes de bois, cadre de ruche détourné de son usage premier. Bois flotté, ficelle, raphia. Rubans et lacets. Nœuds de plâtre ou de bois. Décors laitonnés. Coquillages, verre dépoli. Frises de papier peint, broderies, passementerie, dentelles, fragments d'étoffes précieuses. Moulages en papier mâché, laqué, vernis ou naturel.
Outre les matériaux et objets à coller sur le cadre, vous pouvez aussi le peindre, le teinter, ou le céruser s'il est en bois blanc.

Cadre de bois naturel et frise d'éléphants découpée dans du carton 3 mm et collée à la colle blanche

TRAITEMENT TRANSPARENT

Pour préserver l'aspect naturel du bois dans le cas d'une moulure en pin, en érable ou en bois blanc brut, vous pouvez teinter votre cadre avec une teinture à bois ou à l'aquarelle, en une ou deux couches suivant l'intensité de la teinture souhaitée. Laissez sécher. Poncez à la laine d'acier très fine, puis passez une couche de «fondur». Poncez avec une laine d'acier très fine, passez une seconde couche de fondur. Vernissez ou cirez le cadre.

TRAITEMENT OPAQUE

Sur le cadre monté, passez une couche d'enduit fin (gesso). Poncez et recommencez l'opération deux fois. Le ponçage doit être fait avec de la laine d'acier très fine.
Sur le cadre bien lisse, appliquez la peinture (acrylique ou vinylique) en quatre ou cinq couches avec ponçage à la laine d'acier entre chaque couche. Vernissez la peinture pour un aspect laqué. Pour un aspect satiné, cirez-la avec une cire incolore afin de ne pas changer sa couleur ou au contraire avec une cire teintée pour la patiner.

BAGUETTE CÉRUSÉE

Sur un cadre au veinage bien marqué (bois de chêne par exemple), vous pouvez adoucir la couleur tout en gardant le côté bois naturel en le travaillant à la céruse. Sur le cadre en bois naturel ou teinté (voir traitement transparent), brossez avec une brosse dure pour élargir les veines du bois. Passez une couche de pâte à céruse. Essuyez, passez une seconde couche si nécesaire, essuyez et finissez par une couche de fondur et un vernis.

Traitement transparent sur lequel est appliquée une céruse blanche ; décor de fil et de coquillages collés à la colle blanche sur le cadre

HABILLAGE DE LA BAGUETTE

UN FILET, UNE SOUS-CARTE OU UN BISEAU EN PAPIER RELIURE PEUVENT ÊTRE RAPPELÉS PAR L'HABILLAGE DE LA BAGUETTE AVEC LE MÊME MATÉRIAU. UNE MATIÈRE ÉVOQUÉE SUR LE DOCUMENT PEUT HABILLER LE CADRE : PAPIER JOURNAL, PAPIER CALLIGRAPHIÉ, TISSU ÉCOSSAIS, FLEURI, ETC.

HABILLAGE AVEC UN PAPIER

Coupez les quatre côtés du cadre. Préparez un gabarit en papier, pour déterminer la largeur à donner à la bande d'habillage et sa coupe d'angle. Roulez ce gabarit de papier préalablement enduit de Tylose diluée sur la moulure pour qu'il épouse bien ses volumes. Marquez la largeur utile ainsi que l'angle à découper. Découpez ce gabarit sur les empreintes ainsi obtenues.

Découpez les quatre bandes d'habillage de la largeur du gabarit et de la longueur des côtés du cadre plus 1 cm pour les rembords sur les coupes d'angles de la baguette. Attention, coupez les bandes perpendiculairement au sens d'allongement du papier (voir chapitre «Sens du papier», page 31). Découpez les angles suivant le gabarit. Tracez au plioir, sur l'envers de chaque bande, un pli sur la longueur pour marquer la base du dos de la baguette. Si le bois est poreux, faites un précollage sur chaque côté du cadre, à la colle blanche. Laissez-le sécher et

réencollez à la colle blanche le côté à habiller, en commençant par placer le rembord sur le talon de la baguette (voir page 28) et en avançant en lissant sur toute la longueur et en épousant chaque volume jusqu'au retour à l'intérieur

de la feuillure. Pliez et crantez dans les angles les rembords latéraux et collez-les sur la coupe d'angle de la baguette. Lorsque les quatre côtés sont ainsi habillés, assemblez le cadre et vernissez-le, avec un vernis en bombe si nécessaire.

Habillage avec du papier Ingres en quatre nuances différentes d'un même grammage

mesure
de la largeur
de l'habillage

GABARIT DE PAPIER

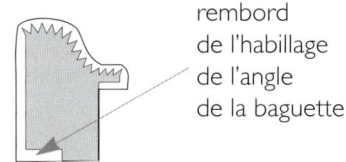

rembord
de l'habillage
de l'angle
de la baguette

VUE EN COUPE DE L'HABILLAGE

Décors de baguettes

HABILLAGE AVEC UN TISSU

Les petits boutons, habillés du même tissu écossais que la robe de la fillette sont fixés par un fil qui traverse le cadre

Glacez le tissu si nécessaire (voir chapitre «Habillage du passe-partout avec un tissu léger», page 20) et procédez comme avec un papier.
Si le tissu est épais, comblez dans chaque angle, de l'épaisseur du rembord, pour que l'assemblage du cadre ne soit pas en porte-à-faux.
Pour un cadre molletonné, fabriquez un cadre constitué de deux cartons collés de 3 mm d'épaisseur.
Posez le molleton puis tendez le tissu sur le molleton.
Rembordez au dos du cadre et à l'intérieur de la fenêtre.

ENCADREMENT DE MIROIRS

Le miroir peut être encadré d'un cadre rond ou ovale, d'un cadre à angles droits en bois naturel ou peint et décoré ou encore doré, ou d'une superposition de baguettes.

MONTAGE SIMPLE D'UN MIROIR DANS SON CADRE

Préparez le cadre et peignez la feuillure avec une peinture noire pour éviter de voir l'image intérieure de la feuillure, tout autour du miroir. Coupez le carton de fond en 2 ou 3 mm d'épaisseur suivant le format du miroir. Fixez l'anneau dans

le carton de fond, remplacez le ruban Bradel par les anneaux à riveter pour les formats dépassant 30 x 40 cm. Coupez aux dimensions du miroir une carte bulle à intercaler entre le miroir et le carton de fond, pour éviter que le rivet raye le tain du miroir. Dans le cadre retourné, placez le miroir, la carte et le carton de fond, fixez-les au cadre avec des pointes et rembordez d'un kraft gommé.

La marge du miroir est habillée de papier vieil or métallique, les perles sont collées, le pendentif est fixé au travers du carton

Dans ce montage entre deux verres, le verre du dessous a été remplacé par un miroir sur lequel le document est collé

Décors de baguettes

ENCADREMENT
DE PEINTURES À L'HUILE

**ENCADREMENT POUR
UNE ŒUVRE CONTEMPORAINE :
LA CAISSE AMÉRICAINE**

À l'inverse des baguettes
traditionnelles, la feuillure
de la caisse américaine est sur
le dessus de la baguette.
C'est la partie plate qui forme
la 1re encoche dans laquelle se
pose le châssis. Vissez le
châssis de la peinture à l'huile
sur cette feuillure.

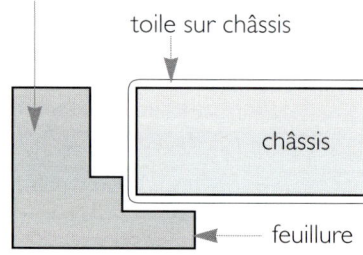

bulle aux dimensions
des plats de la baguette
sur lesquels seront rembordés
les habillages toilés afin
d'éviter les effilochures
sur le devant du cadre.
Collez les bandes rembordées

sur les plats avec la colle
à bois. Assemblez les quatre
côtés de la marie-louise,
puis fixez ce cadre dans
le 2e avec colle à bois
et pointes, pour former un
cadre unique.

**ENCADREMENT CLASSIQUE
AVEC UNE MARIE-LOUISE
BORDÉE D'UN CADRE MOULURÉ**

La marie-louise est
la baguette plate qui souligne
le bord du tableau et
qui est encadrée d'une
autre moulure.
Elle peut être teintée, peinte
ou habillée de toile. Il est
inutile de traiter le dos de la
marie-louise qui sera montée
dans la moulure. Si la marie-
louise comporte un biseau, il
peut être peint avant
d'habiller la partie plate. Dans
ce cas, il est préférable de
découper des bandes de carte

La marie-louise a été peinte dans le ton vert-mousse du tableau

Le double cadre est composé de deux moulures dorées. La marie-louise à pente inversée est habillée de Relon

DOUBLE CADRE
POUR DES PETITS PANNEAUX
PEINTS SUR BOIS
OU SUR CARTON

Il est généralement composé d'une même baguette choisie dans deux largeurs différentes : l'une étroite pour border l'œuvre, l'autre plus large pour la finition extérieure. La marge est habillée d'une toile. Coupez et assemblez le cadre qui borde la peinture puis coupez la marie-louise. Habillez chaque côté en suivant la méthode de l'habillage avec un tissu (voir page 78). Assemblez les angles de cette marie-louise. Puis coupez et assemblez le cadre extérieur à ses dimensions. Assemblez entre eux le cadre intérieur et la marie-louise puis collez cet ensemble au cadre extérieur.

Des idées en plus

Carton ondulé

Le carton ondulé rouge, vert et bleu est découpé comme pour une superposition de passe-partout : trois couches de carton de 3 mm d'épaisseur sont coupées en escalier pour mettre en scène le clown

Les découpes dans le carton ondulé sont réalisées avec la technique de la marqueterie (voir chapitre «Marqueterie», page 55), les boutons sont collés sur le carton

Décor de feuilles découpées dans le carton ondulé et collées dans les angles du cadre.
Des cales sont placées entre le cadre et la composition pour donner plus de profondeur

DÉCOR SUR L'HABILLAGE

Les éléments du décor peuvent être découpés et collés sur le cadre : papier, carton, tissu, végétaux, verre, carrés de mosaïque, ficelle, etc. Mais le décor peut aussi être peint : peinture acrylique ou gouache pour des décors opaques, à l'encre ou à l'aquarelle pour des décors transparents, motifs au pochoir ou au tampon pour des effets de frises ou des décors naïfs.

*Le cadre de carton
est orné d'une frise réalisée au tampon*

*Ces trois cadres de bois brut
sont décorés de végétaux
(trésors rapportés de promenades) :
écailles de pommes de pin, feuilles
et fruits directement collés sur le cadre*

OBJETS DÉTOURNÉS

De nombreux petits objets peuvent être détournés pour orner vos cadres : bois flotté pour une photo souvenir de vacances, perles, plumes, broches, barrettes… Pensez à fixer deux anneaux au dos de votre cadre, même pour un petit format, si les éléments du décor ne sont pas disposés symétriquement sur le cadre.

Cette vitrine est ornée de cabochons (poignées de petits meubles) ; les tiges de fixation des cabochons sont collées dans l'épaisseur du carton qui constitue le cadre

Vitrine bordée d'un cadre de carton orné de petits boutons de tiroir

ADÉQUATION DU DOCUMENT ET DE SON ENCADREMENT

DEVANT TANT DE POSSIBILITÉS TECHNIQUES, COMMENT CHOISIR LA FAÇON D'ENCADRER QUI CONVIENDRA LE MIEUX AU DOCUMENT ?

L'encadrement peut devenir une œuvre créative à part entière, les seules règles à respecter sont la protection du document et sa mise en valeur.

Pour les reproductions diverses, les photographies, les gravures, les lithographies, toutes les techniques (depuis la technique de base jusqu'au biseau français) pourront être utilisées. En revanche, pour les pastels et les aquarelles, la technique de base seule ne peut convenir.

LES PASTELS

Pour ce qui est de la protection, pensez qu'un pastel, une craie d'art, un fusain, une sanguine doivent être isolés du verre de même qu'une aquarelle, mais il faudra de plus disposer une cale entre le biseau et le document pour éviter que des fragments de pigments friables se déposent sur le biseau et viennent ternir le verre.

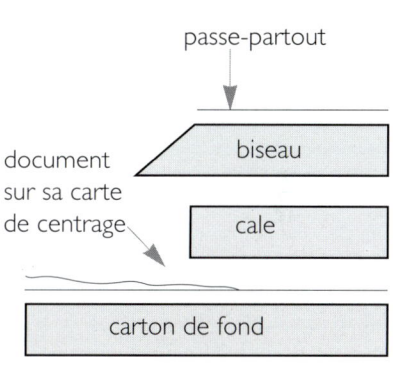

MONTAGE D'UN PASTEL

reproductions diverses	photographies	aquarelles	gravures	pastels	lithographies	
●	●		●		●	technique de base
●	●	●	●	●	●	biseau 45°
●	●	●	●	●	●	biseau droit
	●	●	●	●	●	biseau fançais
	●	●			●	lavis

CHOISIR UN TYPE D'ENCADREMENT

PRÉPAREZ TOUJOURS UNE MAQUETTE AU CRAYON QUI VOUS AIDERA À CONCRÉTISER VOS IDÉES. SI UN CADRE PEUT ÊTRE DISCRÉTION, LÉGÈRETÉ, TRANSITION DOUCE ENTRE L'ŒUVRE ET LA PIÈCE OÙ IL EST ACCROCHÉ, IL PEUT AUSSI ÊTRE CONTRASTE, COULEURS VIVES, MOUVEMENTS ET (OU) NOTE D'HUMOUR SI VOUS LE SOUHAITEZ.

À titre d'exemple, voici quatre traitements différents d'une illustration de Mathurin Méheut.

Fenêtre octogonale et biseau à la française, le panier est incrusté dans le bas du passe-partout

Superposition de passe-partout en papier recyclé et carton ondulé, décor de paille collée

Superposition de passe-partout dont un chantourné, et décor de baguette peint à l'acrylique

Le document est monté sur un socle lui-même monté en relief sur un morceau de grillage ; des cales tiennent l'ensemble pour donner le relief

Décors de baguettes

L A FIXATION PAR CROCHET MUNI D'UNE POINTE (TYPE CROCHET X) CONVIENT AUX CADRES LÉGERS, MAIS TOUS LES CADRES LOURDS SERONT ACCROCHÉS AU MUR PAR DES PITONS CHEVILLÉS. POUR CONNAÎTRE LA NATURE DU MATÉRIAU SUPPORT, PERCEZ UN AVANT-TROU DE DIAMÈTRE INFÉRIEUR À CELUI DU PITON À FIXER.

MURS À STRUCTURE DENSE : MATÉRIAUX PLEINS, BÉTONS, BRIQUES PLEINES, AGGLOMÉRÉS, BÉTON PLEIN, MOELLONS, ETC.

Utilisez des chevilles en nylon dans lesquelles seront vissés les pitons. Percez le trou à l'aide d'un foret à béton, placez la cheville, puis vissez le piton (suivez bien les indications du fabricant pour connaître les diamètres du foret et de la cheville à utiliser en fonction de celui du piton choisi).

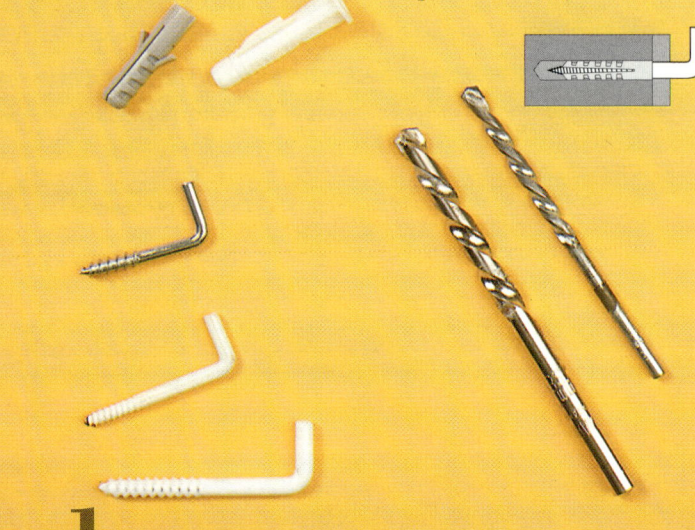

Outillage

MURS À STRUCTURE CREUSE : PLAQUE AU PLÂTRE, BRIQUES ET PARPAINGS CREUX

Utilisez des chevilles métalliques à expansion. C'est un système d'ancrage en parapluie permettant de prendre appui loin des bords du trou.
Faites un avant-trou de petit diamètre pour tester la profondeur de la cloison. La longueur des chevilles doit être inférieure à la profondeur de la cloison.

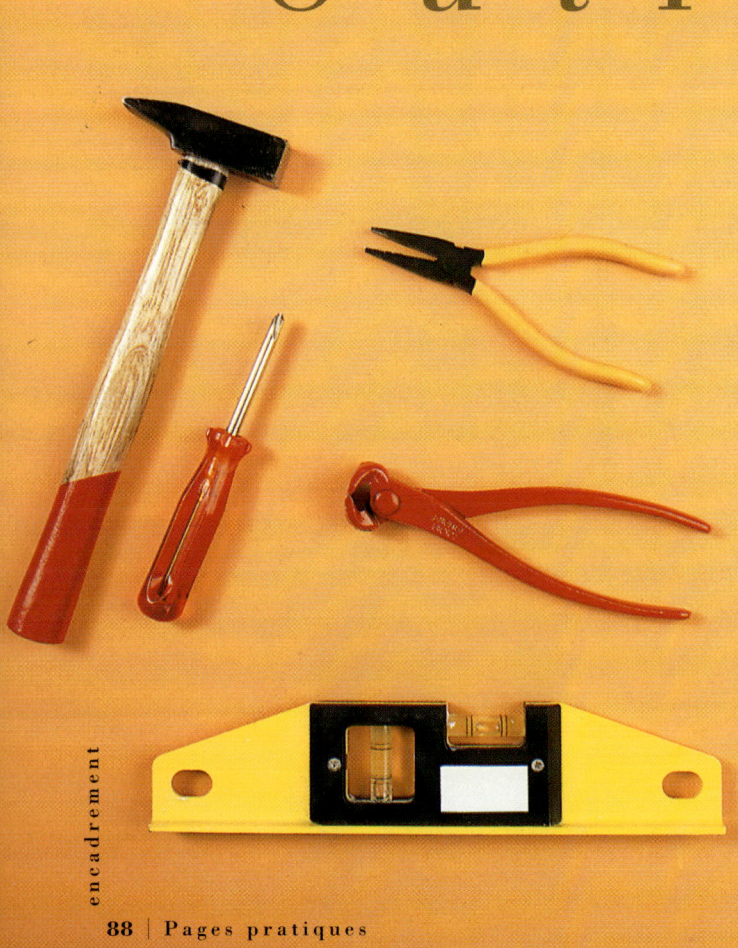

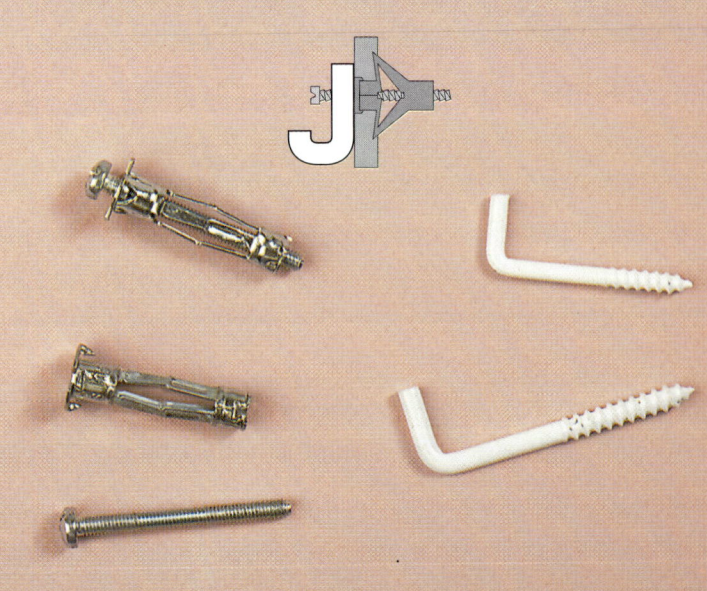

SUPPORT BOIS

Utilisez des clous pour les cadres très légers ou des crochets spéciaux (du type crochets X).

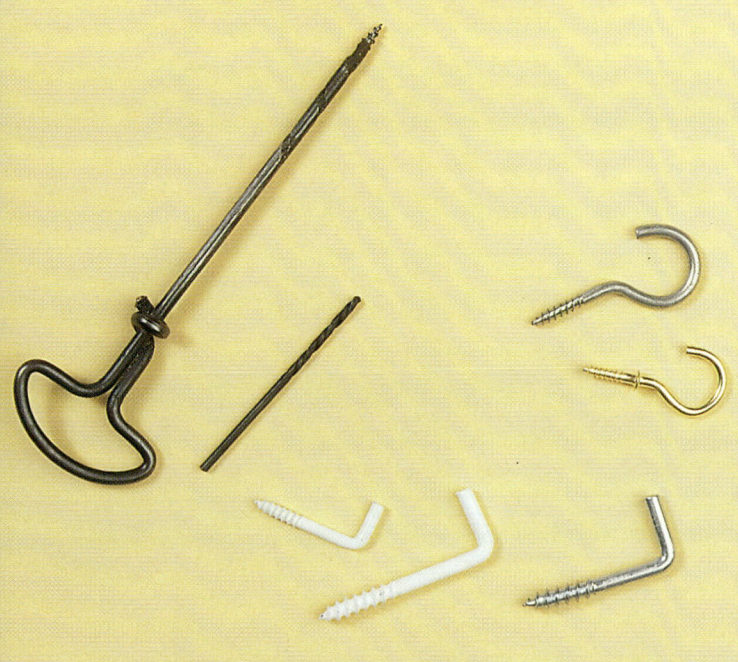

CIMAISES

Ce mode de fixation permet d'éviter de faire des trous dans les murs. Les cimaises sont des tiges métalliques sur lesquelles se posent les crochets à tableaux. Les crochets se règlent à la hauteur souhaitée et sont munis d'un système de sécurité les empêchant de glisser vers le bas. Les tiges sont accrochées dans une rainure métallique fixée à hauteur de plafond par des vis.

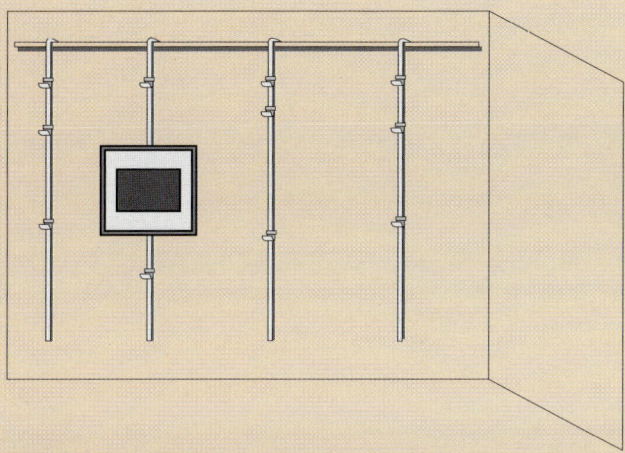

Outillage

PETIT OUTILLAGE

Anneaux, rivets, crochets et tournettes (elles se fixent au cadre et retiennent le paquet).

crochet d'ornement (pour « habiller » le mur)

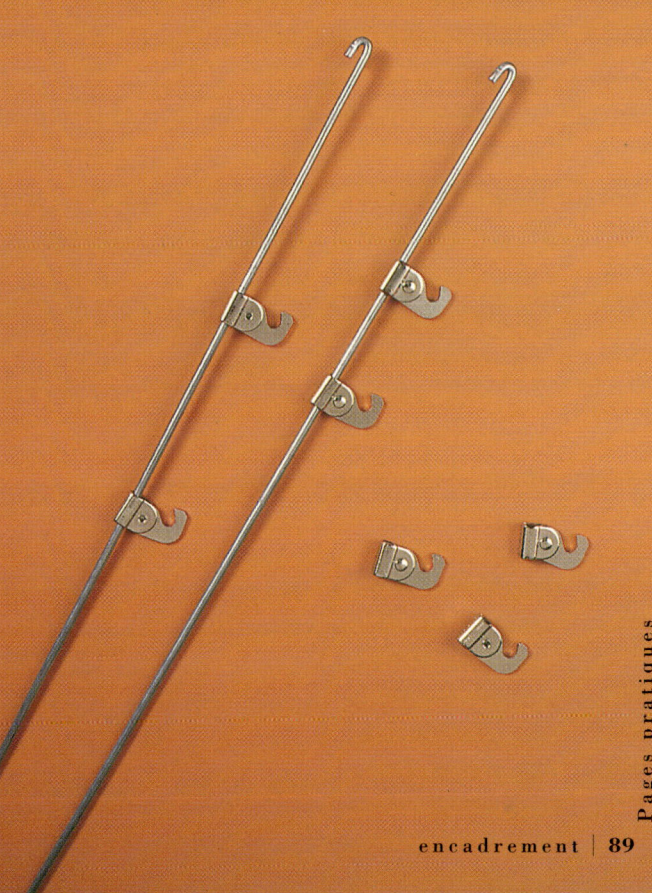

LA DISPOSITION DES CADRES EST UNE MISE EN SCÈNE DES ŒUVRES QUI TENDRA VERS UNE UNITÉ POUR QUE L'ŒIL NE SE PERDE PAS DANS LE DÉCOR. ÉVITEZ LES EXPOSITIONS PLEIN SUD FACE À UNE FENÊTRE. VOUS POUVEZ CHOISIR DE REGROUPER UN THÈME, DANS CE CAS LES ŒUVRES SE LIRONT COMME UNE BANDE DESSINÉE. VOUS POUVEZ AUSSI PRENDRE LE PARTI DE GUIDER LE REGARD À TRAVERS UN ENSEMBLE D'ŒUVRES MINEURES JUSQU'À L'ŒUVRE PRINCIPALE PLACÉE AU CENTRE.

COMPOSITION EN MULTIPLE

Par 3, par 4, par 6, etc., pour des cadres de même format ; dans ce cas, les espaces réguliers entre les cadres seront peu importants pour créer un lien entre eux.

C'est la régularité de la répétition des cadres qui donne l'unité à cette composition.

Accrochage et

DISPOSITION EN COLONNE

Sur un mur étroit (par exemple entre deux portes), disposez en colonne.

DISPOSITION SYMÉTRIQUE

Reliez avec un ruban deux cadres superposés de tailles différentes (le plus important en bas). Le ruban est une décoration, les cadres sont fixés au mur par des attaches traditionnelles.

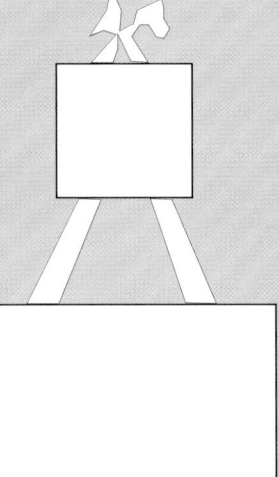

DISPOSITION EN ESCALIER

Décalez en espaces réguliers dans un escalier.

DISPOSITION SYMÉTRIQUE

Composez un ensemble au-dessus d'un meuble, d'un canapé en réservant un espace harmonieux entre celui-ci et la base des cadres pour créer un lien entre les cadres et cet élément.

disposition

PÊLE-MÊLE

Composez un pêle-mêle où l'œil devinera une organisation en carré.

PÊLE-MÊLE

Composez un pêle-mêle où l'œil devinera une organisation en ovale.

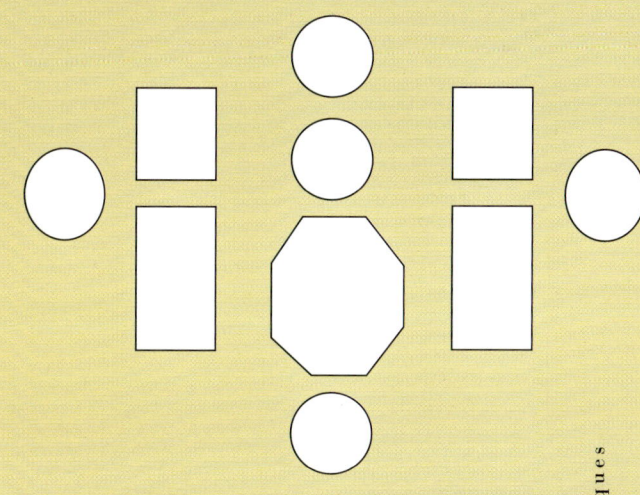

DISPOSITION EN LIGNE

Sur un grand mur, alignez par la base vos cadres de formats différents.

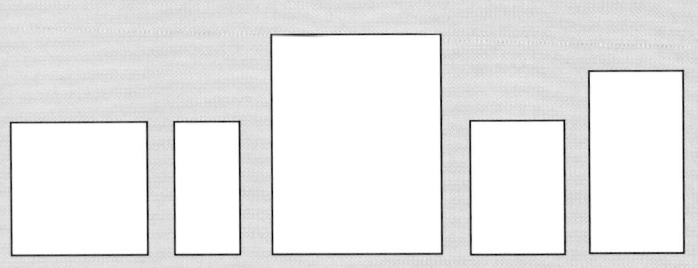

DISPOSITION EN COLONNE

Disposez en colonne sur un mur étroit (par exemple entre deux portes).

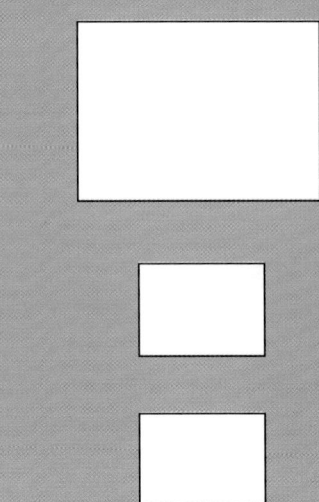

Disposition

DISPOSITION DÉCENTRÉE

Près d'une statue ou d'une lampe posée sur un meuble, décentrez le cadre.

DISPOSITION ENTRE DEUX FENÊTRES

Entre deux fenêtres, équilibrez les espaces entre le cadre et les fenêtres.

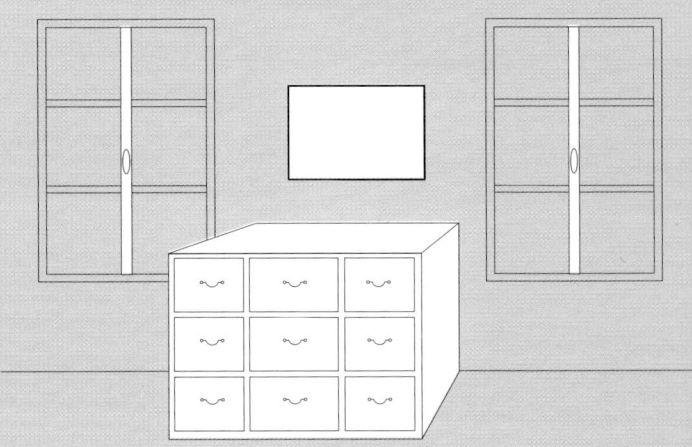

DISPOSITION GÉOMÉTRIQUE

Accrochez l'ensemble de manière que l'œil perçoive une composition géométrique.

ÉCLAIRAGE

L'éclairage d'un tableau ne doit jamais se faire en lumière directe, évitez de placer vos encadrements face à une fenêtre plein sud.

Éclairage électrique : évitez les halogènes, ils éclairent les cadres en lumière directe fluorescente qui rayonne en ultra-violets.

Éclairage des peintures à l'huile et des peintures acryliques : applique à incandescence (2 x 40 w, par exemple).

Éclairage des affiches : applique basse tension (12 volts, 20 w, par exemple).
Les pastel ne devraient jamais être exposés à la lumière du jour, car leurs pigments sont très fragiles. Une pièce peu éclairée leur convient parfaitement.

et éclairage

DISPOSITION AU-DESSUS D'UN MEUBLE

Au-dessus d'un meuble haut, n'isolez pas un encadrement mais prévoyez une composition pour qu'il ne soit pas perdu, en haut sur le mur.

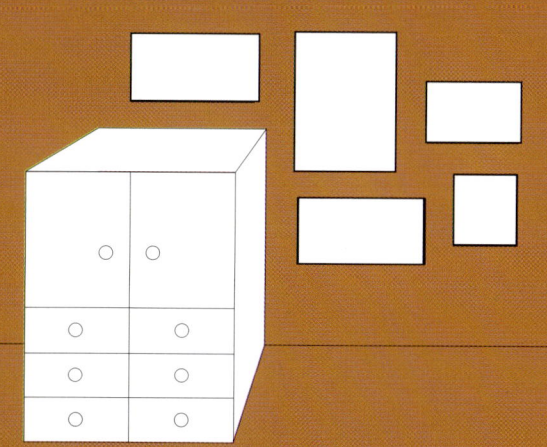

GLOSSAIRE

AIS
Planche sur laquelle on dépose les cartons et les papiers collés lors du séchage sous presse.

ÂME D'UN PASSE-PARTOUT
C'est l'élément du carton sur lequel est collé le matériau d'habillage.

BAGUETTE
De largeur et de hauteur variables, la baguette ou moulure d'encadrement est à base linéaire. Qu'elle soit droite ou galbée, sculptée avec des motifs de nervures ou de gorges, de plats ou de filets, qu'elle soit en bois précieux avec incrustations de marqueterie, dorée à l'or fin, en bois blanc ou en métal, elle comporte toujours une feuillure pour intégrer le paquet.

COLLAGE EN PLEIN
Opération qui consiste à encoller toute une surface en étendant la colle à la brosse ou au rouleau, en la tirant bien dans les deux sens jusqu'à ce que la surface soit enduite totalement d'un film brillant et régulier de colle.

ÉCOINÇON
Figure triangulaire dont un des côtés est en arc de cercle.

FEUILLURE
Encoche de la baguette qui permet d'insérer le paquet. Elle comporte deux mesures essentielles : sa largeur (partie recouvrant le verre), et sa profondeur qui contient l'épaisseur du paquet.

FILET
Appliqué sur la marge du passe-partout, il peut être tracé à l'encre de Chine, à la gouache ou constitué d'un papier mince découpé et collé.

FORME
Châssis muni d'un treillis sur lequel est formée la feuille de papier artisanale.

GLAÇAGE D'UN TISSU
Opération qui consiste à transférer une pellicule de colle très fine sur l'envers d'un tissu pour éviter que la colle traverse les fibres de l'étoffe au moment du collage.

GLACIS
Surface de colle très fine et régulière, déposée sur une plaque à glacis (verre ou Plexiglas) sur laquelle sera étendue la pièce de tissu à glacer.

GRAMMAGE
Poids du papier exprimé en grammes au mètre carré.

MARGE
Largeur donnée au passe-partout dans lequel on a taillé la fenêtre-image qui borde le document.

MACULE
Feuille de papier protégeant le plan de travail pendant les encollages.

MARIE-LOUISE
Baguette de bois plate, biseautée ou non, pouvant avoir une largeur de 1 à 10 cm, généralement peinte ou toilée, encadrée d'une autre moulure pour former le cadre d'une peinture à l'huile. Elle joue le même rôle pour les peintures à l'huile que le passe-partout dans le montage d'un sous-verre.

PAPIER CRISTAL
Papier très fin, transparent, souple et très résistant.

PAQUET
Ensemble de tous les éléments qui entourent le document, du carton de fond au verre, rembordés par un ruban de kraft gommé.

PASSE-PARTOUT
Surface taillée dans une carte et habillée aux mesures des marges déterminées pour encadrer un document.

PLIOIR
Petit instrument en bois, en ivoire, en os ou en corne qui permet de plier le papier. Utilisé à plat, il sert de lissoir.

PONTUSEAUX
Tringles métalliques soutenant les vergeures de la forme. Dans un papier vergé, lignes claires espacées de 2 à 4 cm suivant les fabricants.

REMBORDER
Opération qui consiste à fixer les uns aux autres un ensemble d'éléments par un rabat.

SOUS-VERRE
Encadrement d'un document sans moulure, composé uniquement d'un paquet rembordé par un galon de papier ou de toile de couleur.

VERGEURES
Fils métalliques constituant la trame serrée de la forme. Sur papier vergé, lignes claires, serrées les unes contre les autres.

CRÉDITS PHOTOGRAPHIQUES

page 54 © Diane Ethier

page 64 © Maurice Subervie

page 77 © Fleurus - Mame

page 79, bas © Isy Ochoa

page 82, droite © Nestlé

pages 86 et 87 © ADAGP, Paris 1997

Droits réservés pour mentions non spécifiées

Looking for Dinosaurs

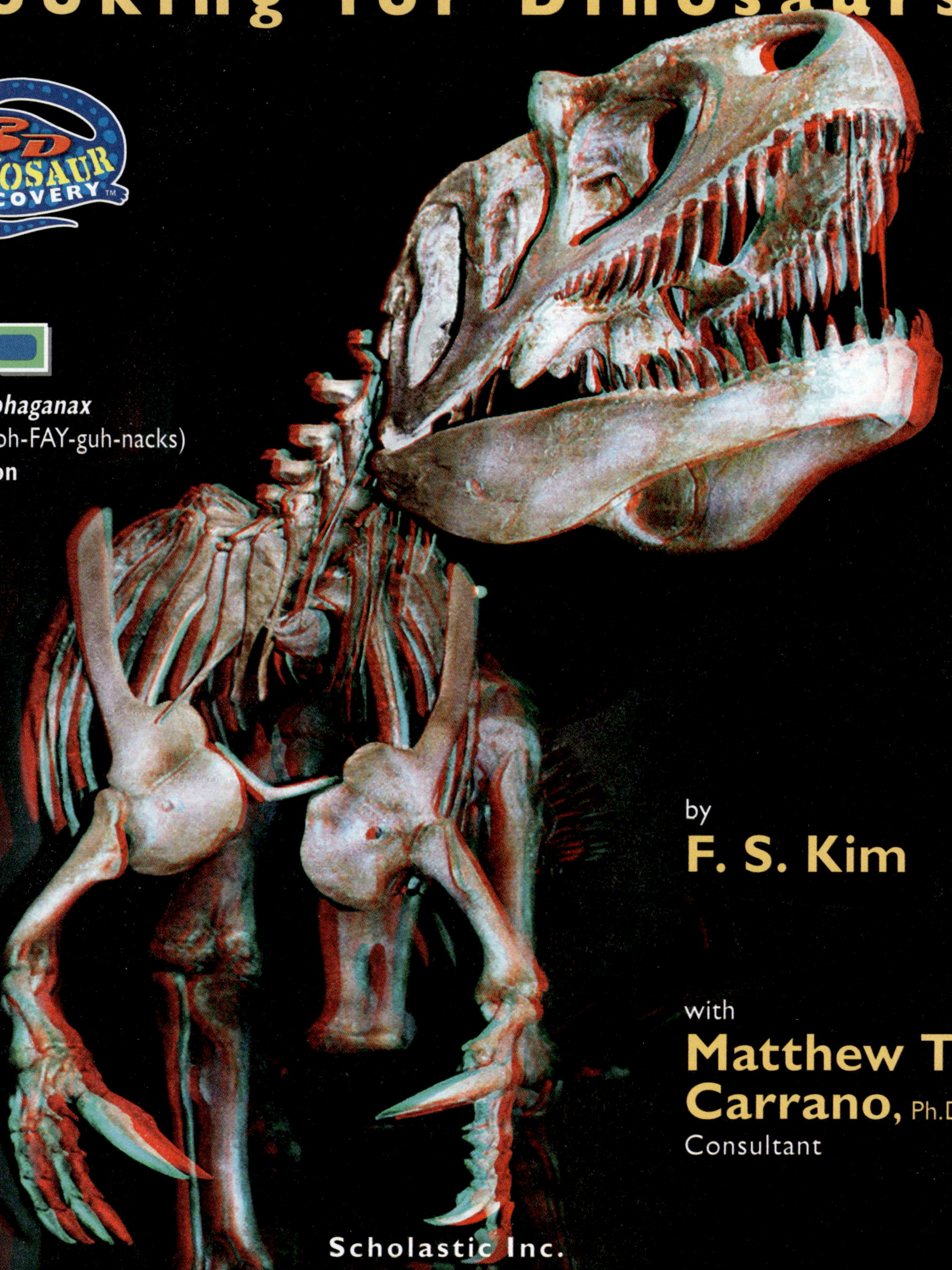

Saurophaganax
(SOR-oh-FAY-guh-nacks)
skeleton

by
F. S. Kim

with

**Matthew T.
Carrano,** Ph.D.
Consultant

Scholastic Inc.
New York Toronto London Auckland Sydney
Mexico City New Delhi Hong Kong Buenos Aires

ISBN 0-439-83877-0

Designer: Lee Kaplan.

Cover photo: (*Albertosaurus* fossil dig) © Jonathan Blair/Corbis.

Title page: (*Saurophaganax* skeleton) © Kris Kripchak.

Back cover photograph: (*Triceratops* skeleton) © Kris Kripchak.

All Ty the *Tyrannosaurus rex* illustrations by Ed Shems.

All 3-D conversions by Pinsharp 3D Graphics.

Interior Photo and Illustration Credits:

Pages 4–5: (*Albertosaurus* fossil dig) © Jonathan Blair/Corbis; (rock background) © Jim White/Shutterstock.com.

Pages 6–7: (Mountain panorama) © Pichugin Dmitry/Shutterstock.com; fossilization illustrations by Robert Rath; (dinosaur track) © Kris Kripchak; (coprolite) provided by the U.S. Geological Survey; (fossilized dino skin) © Kris Kripchak; (dino egg) © Louie Psihoyos/Corbis.

Pages 8–9: (Escalante Park rock formation) © Phdpsx/Shutterstock.com; (geologic map of the Dinosaur Quarry Quadrangle, Uintah County, Utah) produced by the U.S. Geological Survey.

Pages 10–11: Illustration by Yancey Labat.

Pages 12–13: (Canyon background) © Anson Hung/Shutterstock.com; (pen) © Michaicalin/Shutterstock.com; (digital camera) © Jeff Dalton/Shutterstock.com; (compass) © Michael West/Shutterstock.com; (GPS) © Garmin International; (blue-handled tools) © Glade Gunther, Geo-Tools.com; (pen knife) © David Hsu/Shutterstock.com; (paintbrush) © Mats/Shutterstock.com; (toilet paper) © Patrick Hermans/Shutterstock.com; (burlap) © HTuller/Shutterstock.com.

Page 14: (Paleontologist examining fossil) © Tom Bean/Corbis.

Page 15: (*Coelophysis* fossil) © Louie Psihoyos/Science Faction/Getty Images.

Pages 16–17: (Geologic map background of the Dinosaur Quarry Quadrangle, Uintah County, Utah) produced by the U.S. Geological Survey.

Pages 18–19: Illustrations by Robert Rath; (digger working on fossil jacket) © Reuters/Corbis.

Pages 20–21: (*Eoraptor* skull) © Louie Psihoyos/Corbis; (workers casting fossil molds) © Louie Psihoyos/Corbis; (sauropod foot) © Kris Kripchak.

Pages 22–23: All photos © Kris Kripchak.

Pages 24–25: (Fossil storage room) © Dung Vo Trung/Corbis; (*Zuniceratops* exhibit) © Kris Kripchak.

Pages 26–27: (Map) NASA/R; (Andrews and Olsen examining eggs) © Bettmann/Corbis; (desert) © Tal Levi/Shutterstock.com; (*Velociraptor*) © Louie Psihoyos/Corbis.

Pages 28–29: (Dinosaur National Monument background) provided by the National Park Service; (Earl Douglass) © Carnegie Museum of Natural History; (quarry wall at Dinosaur National Monument) © Kris Kripchak.

Page 30: *Appalachiosaurus* © Todd Marshall; photo courtesy of Todd Marshall.

Page 31: *Sinosauropteryx* © Julius Csotonyi.

Page 32: (*Camarasaurus* skeleton) © Kris Kripchak.

12 11 10 9 8 7 6 5 4 3 2 1   6 7 8 9 10 11/0

Printed in the U.S.A.

First Scholastic printing, September 2006

TABLE OF CONTENTS

WELCOME TO DIGGING

A paleontologist inspects an *Albertosaurus* (al-BERT-oh-SOR-uhss) skull.

Welcome back! It's me again, your pal Ty, and it's time for an all-new dino adventure. But we won't need to do any time-traveling today! We're going to find out how scientists learn all about dinos without seeing one in a zoo. How do they do it? They find and study dinosaur **fossils** (FAH-suhls).

Ty
Tyrannosaurus rex
(tie-RAN-oh-SOR-uhss RECKS)

Did you know that:

◆ Some of the tools that scientists use to dig up dinos are right in your own home?

◆ Some of the biggest dino discoveries were made by accident?

◆ Sometimes scientists crawl on their hands and knees to find fossils?

And we'll answer all kinds of questions about digging up dinos, like:

◆ How did dinosaurs become fossils?

◆ How do scientists know where to find dinosaurs?

◆ How do dino fossils become museum exhibits?

And when you see this symbol, be sure to whip out your **3-D glasses** to make you feel like you're right there on the dig!

Are you ready to discover some dinos? Follow the tracks and let's get started!

FOSSILS 101

Since dinos aren't around today, the only clues that scientists have are fossils. That means that everything that scientists know about dinos (what they ate, how they moved, and how they had babies) comes from studying fossils. Pretty amazing, huh?

So how does a dino go from being large and in charge to a bunch of bones? It doesn't happen overnight—it takes millions and millions of years. Take a look at these pages to get the scoop on how fossils form.

It's Sedimentary!

Fossils are found in **sedimentary** (SEH-dih-MEN-tuh-ree) rock. This kind of rock is made from pieces of other rocks and dead plants and animals called **sediment**. These bits settle into layers and, over time, can form solid rock, like sandstone. Some kinds of sedimentary rock are made up of fine grains, and these grains can settle around a plant or animal and preserve it as a fossil.

How FOSSILS Form

1. A dino dies on soft ground, like sand or mud, next to a lake or ocean. The soft parts of its body rot away, leaving the bones.

2. The water floods, covering the skeleton in dirt or mud. Over time, the bones are covered with many layers of sediment.

3. Water in the ground dissolves away the bone and replaces it with new, harder minerals. The sediment around the bones gets pressed down and eventually turns into solid rock.

4. Millions of years later, the rock is worn away, exposing the bones at the surface where they might be discovered.

Not Just Bones

Did you know that fossils aren't always just bones? Take a look at some of the other fossils that scientists study to learn about dinos.

A dinosaur track

Making Tracks: Fossil tracks were made when a dino walked on soft ground, leaving footprints behind. Once the ground dried up and made the tracks very hard, they were buried quickly and fossilized. What can you tell from footprints? A ton! Scientists can find out how big a dino was, how fast it could go, if it lived with other dinos, and more.

Prehistoric Poo: What's a **coprolite** (KOP-proh-lite)? It's a fossilized dung, or poop! It's hard to tell a coprolite from a rock, but when scientists know it's dung, they can tell a lot about what a dino ate and the kinds of plants and animals that were around when it was alive.

A coprolite

Going Soft: Sometimes when a dino died, its body got buried before all of the soft parts rotted away. When that happened, the sediment around the body sometimes kept an imprint of the skin or feathers that were on the dino. Sometimes the sediment fossilized the soft inside parts of the dino, too.

Fossilized dino skin

Eggs and Nests: Scientists have found plenty of fossilized dino eggs and nests all around the world. Sometimes there are just a few eggs or huge fields of them. And if scientists are lucky, they'll crack open an egg and find a dino baby fossil!

A dino egg

BEFORE YOU DIG

Now that we know how fossils get into the ground, what do paleontologists do when they want to find them? The next couple of pages will give you the scoop on how scientists plan an **expedition** (EK-spuh-DISH-uhn) to discover dinos.

Hit the Books

What's the first thing scientists do when they plan a dig? They hit the books! Read on to find out about the kinds of digging paleontologists do in a library before they go out and start digging in the field.

Dino Dictionary

An *expedition* is a trip that's for a special purpose, like digging up fossils. Fossil-finding trips are also called *digs*, *excavations* (EK-skuh-VAY-shuns), or *fieldwork*.

Dino Dictionary

Erosion happens when an object, like rock, is slowly worn away by water or wind.

Location, Location, Location

The best place to look for dinosaur bones are in badlands, or dry, rocky areas like deserts. This way, scientists don't have to clear out lots of soil or plants to look at the rocks beneath them for fossils. Other places that paleontologists find dino fossils are mines, building construction sites, or rocky places near water where **erosion** (ih-ROH-zhuhn) has uncovered bones.

X Marks the Spot

Check out the map on the right—it's called a **geologic** (JEE-uh-LAH-jick) map. Paleontologists use maps like this one when they're trying to decide where they should go for a dig. The colors on a geologic map show the kinds of rocks that are in an area, and how old they are. Since dino fossils are only found in Mesozoic rocks, paleontologists look at a geologic map to find the best sites for digging.

A geologic map

Sharing Science

While paleontologists are always looking to discover new things about dinosaurs, they also learn from other scientists around the world who study dinos, too. When they're planning a fossil dig, paleontologists read research papers and books and talk to other scientists who have dug in the same places or studied the same dinos. This kind of research can help scientists better guess where fossils might be hiding out when they're in the field.

A SNEAK PEEK

Once they've done their homework, paleontologists might take a short scouting trip to a place that they want to dig in. That way, they can get a sneak peek at what they might find, and see if it's worth coming back with more people to do a whole dig.

A rock formation in Escalante State Park in Utah, where dino fossils have been found.

9

Picking Teams

Just like a sports team needs different players who are each good at different things, a fossil dig team has all kinds of people who do special jobs.

Check out these pages to see what kinds of people you'd want around if you were hunting for fossils!

Everybody could use a *T. rex* on their team!

Geologist: A **geologist** (jee-ALL-luh-jist) is a person who studies the Earth and knows a lot about rocks. Having geologists on a dig team is important since they'll be able to tell you what kinds of rocks you're looking at in the field and how old they are. Dino bones are often found in ancient river and lake deposits, so a geologist would be able to point these out, too.

Students & Volunteers:
Digging up fossils can be a lot of work! Usually scientists who lead teams into the field take other people with them to help out. These might be **volunteers** who like dinosaurs and just want to come along, or **students** who want to be paleontologists.

DINO DATA

Sometimes fossil hunting brings scientists to some pretty strange places—like Antarctica. On these trips, teams might bring people who have special skills, like a person who knows a lot about computers, or someone who knows a lot about cold, polar regions. But the important thing to remember on a fossil dig is to bring along people who will work well as a team.

Paleontologists: If you found some fossil bones on a dig, how would you tell what they are? That's what a **paleontologist** (PAY-lee-uhn-TAW-luh-jist) does. Since paleontologists study prehistoric life, they could tell you if you were looking at a new kind of dinosaur, or just an old cow skeleton. And different paleontologists are experts in different things, like dinosaurs, plants, or fish, so it helps to have more than one on an expedition.

Guides: Nowadays, dig teams travel all around the world to look for dino fossils. They might bring a **guide** to help them while they're in a different country for a few weeks or months. A guide is a person who knows the area well and speaks the language.

Tool Time

Now that you've done your research and put your dig team together, it's time to pack for your trip! Scientists bring lots of stuff to help them take back the fossils that they find. Keep reading to take a peek at what's inside a digger's backpack.

I'll need my toothbrush!

Notebook and pen: Every team member keeps a notebook as a field journal to record everything that happens on a dig. They write down notes about every day they're in the field, like the places they've searched for fossils and what the weather was like. If they find fossils, all the info about them is written here. Sometimes scientists bring laptop computers to help them record info, too. To learn more about field journals, turn to page 16.

Map and compass: If a team finds a fossil, they use regular maps and a compass to mark where they found it, so they can return to the site later. Scientists also use the map and compass to record how the fossil bones were found in the ground, too.

Camera: Scientists use cameras to snap photos at a dig site. They take pictures of fossils before they're excavated and while they're being dug up. These photos help keep track of the bones and help scientists learn more about them once they're in the lab.

GPS: GPS stands for **G**lobal **P**ositioning **S**ystem. This nifty little gadget works with a satellite in space to help determine where something is located on the Earth. A team uses a GPS to record the exact location of a fossil so that scientists can compare it to where other dino fossils have been found all around the world.

◄ Awl

Brush ►

Hand Tools: Team members also carry tools to help them clean rocks from fossils and to get them out of the ground.

◄ Pick

Hammer ►

▲ Knife

Chisel ▲

Toilet paper: On a fossil dig, toilet paper isn't only for the bathroom! Diggers use this stuff to wrap up small fossils. Good ol' TP can be used to protect large fossils before they're plastered, too.

Collecting bags: Nothing fancy here! These are just plastic bags that you might find in your kitchen. Diggers use these to store and collect any small fossils that they find.

Burlap and plaster: Burlap and plaster are used to make a case called a jacket that protects a fossil while it travels back to the lab. For more on jacketing, turn to page 18.

Plaster of Paris Dry Mix

THE GREAT OUTDOORS

Since most good fossil sites are in places where there are no people or cities for miles around, teams usually camp out during their expedition. And they do stuff you'd probably do on a camping trip, like sleeping in tents and cooking food outside. So teams need to tote along camping gear, food, and water, too.

IN THE FIELD

So now that a team is finally in the field, they're ready to rustle up some fantastic fossils. What do they do first? Read on and find out!

Keep Your Eyes Peeled

Most of the time on a dig is spent looking for fossils. When a team first gets to a site, they walk around and carefully look for pieces of bone that are sticking up from the ground. Small bits of bones might mean that a larger skeleton is nearby. Sometimes when a team is looking for very small fossils, they crawl on their hands and knees to get an even closer look!

Striking Bone

If diggers spot something that looks like bone, they check it out carefully. They might try to dig a little bit around the fossil so that they can see what it is. Then the team's paleontologists will examine the fossil and try to figure out what it is by looking at the bones' size, shape, and arrangement.

A paleontologist examines a fossil.

A *Coelophysis* (SEAL-oh-FIE-sis) fossil

To Dig or Not to Dig?

Scientists don't excavate every fossil they find. Since fossils take a lot of time and energy to dig up, scientists want to make sure that a fossil is worth it. Here are some questions scientists ask themselves when they're deciding to dig or not to dig:

◆ **Would the fossil help us learn something new?** Sometimes scientists find fossils that are from dinos that they already know a lot about. A team might want to find more info on dinos that aren't well known, so they'll skip excavating it.

◆ **Is the fossil complete enough to tell what it is?** While scientists don't always need a complete skeleton to learn new stuff, lots of fossils turn out to be only one or two bones. Or, sometimes the're damaged from wind and rain. If a scientist can't tell what a fossil is, it's hard to learn anything from it.

◆ **Is it something new?** Finding something new is a pretty exciting day for any scientist. So if a team discovers a fossil that they think is a new animal, they definitely dig it up!

DINO DATA

You don't have to be a scientist to make a big dino discovery! Lots of fantastic fossils are found by accident. *Argentinosaurus* (are-jen-TEEN-oh-SOR-uhss), the largest known dino, was discovered by a man who was out for a stroll on his ranch. He thought its leg bones were prehistoric tree trunks!

Taking Note: Field Journals

Scientists can learn a ton from a fossil when they bring it back to a museum, but there's lots of valuable info that they can find out while they're digging it up, too. That's why field journals are so important on a dig. This is where a team records how a fossil was found and what it looked like before it got to the lab. Take a peek at the field journal on these pages!

Site: Woodhawk Creek, Missouri Breaks, Montana
Date: May 1, 2006
Weather: About 88°F (31°C), a little cloudy, light wind coming in from the east.

Woke up about 6:30 AM, breakfast in camp 7-7:30 AM.

A digger writes down **where a fossil was found** and includes a **description of the site**, and what the **weather** was like.

We searched for fossils about 1 mile (1½ km) northeast of camp all morning and most of the afternoon. We started at the entrance of a small ravine (canyon), where a small stream flows out toward the Missouri River. All of the rocks here are part of the Judith River Formation, from the Late Cretaceous period, about 75 million years ago.

8:00-11:00 AM: Lots of walking, but we didn't find many fossils, just a few pieces that didn't lead to anything interesting.

11:00 AM: 25 feet (7 m) uphill from the ravine entrance, I found a tooth stuck in rock, about 1 inch (3 cm) long. Bottom of the tooth was sticking out of the ground, but I had to dig it out a little bit first. Bottom half of tooth is broken off. The rock is a dark brown, sandy claystone with many tiny pieces of coal in it.

2:30 PM: Lee and I followed a trail of scattered bone chips uphill about 50 feet (15 m) and finally came to some larger bones, which we guess are a toe and part of a leg. We snapped a few photos and exposed the bones a little bit further.

↑
tooth

Scientists also note which **rock layer** a fossil was found in, since the deeper the layer is in the ground, the older it is. They also describe the **kind of rock that surrounds the fossil**, called the **matrix** (MAY-tricks), including what color it is. This helps scientists figure out what the dino's surroundings were when it died—maybe a lake, a river, or near a beach.

16

Diggers **sketch a picture** to show how fossil bones were lying next to each other and they **snap photos**, too. This helps workers put the dino together once it's back in the lab. The position of the bones also gives clues to how the animal died and was buried.

It's like a dino **diary**!

Toe bone is about 5 inches (13 cm) long, and might be connected with other bones in the hillside. From the shape, it looks like a theropod (meat-eating) dinosaur. The sediment here is fine sandstone, yellowish color with some larger pebbles (pea-sized) mixed in. It appears to have been an ancient riverbed. Toe is in good shape (few cracks). Leg bone is about 23 inches (58 cm) long, slightly weathered. It might be from the same dino as the toe bone, so we might have found part of a whole skeleton.

leg   toe

About 10 feet (3 m) from leg/toe, Lee found some shellfish fossils— they look like clams, along with what looks like a turtle shell. They're in the same sandstone layer as the bones.

Diggers also write down if there's other **plant or animal fossils** nearby. Other fossils can give clues to when and where a dino lived.

Specimen List

Number	Item
WH-01	Tooth
WH-02	Toe (?)
WH-03	Leg (?)
WH-04	Clam fossils
WH-05	Turtle shell

Every fossil that's found is given a **specimen** (SPESS-uh-min) **number**. This number helps scientists keep track of it back in the lab. Since these fossils were found in Woodhawk Creek, their specimen numbers begin with "WH."

5:00 PM: After taking a reading on our location with the GPS, we finished at the toe/leg site and headed back to camp for dinner.

Can You Dig It?

Now that all the info about a fossil is safely stowed in a trusty field journal, it's time to dig that fantastic find out. But the last thing a digger wants to do is break bones that are millions and millions of years old. How do they carefully remove fossils from the ground? Read on and find out!

Small Fossil? No Sweat!

If a fossil is small and not stuck in rock, collecting it is super-easy. The digger wraps it up in toilet paper and sticks it into a plastic collecting bag. Then the bag is labeled so scientists can figure out what it is and where it was found later. Now wasn't that easy?

So easy, a dino could do it!

Big Bones

Larger and more delicate fossils aren't easy to collect. Unless a digger wants dino dust instead of bones, they've got to be extra careful. Read on and learn how a team gets a fossil ready to go!

Step 1: Diggers use small tools and brushes to dig carefully around a fossil and try to see where the

bone is touching the rock. They want to leave a thin layer of rock around the bones to help protect the fossil while it's traveling. The rest of the rock can be cleaned off at the lab.

Step 2: Once a team figures out where the fossil is touching the rock, they dig down around it with picks and chisels to see how deep it is in the ground.

Then they tunnel around the fossil to make a big block of rock that's attached to the ground.

Step 3: Once most of the digging is done, workers might spread glue or other chemicals on the bones to make them harder and keep them from chipping during the trip to their new home. They also

cover all the bone that sticks out from the rock with damp paper or tin foil.

A digger works
on a fossil
jacket.

Step 4: Once all the bone is covered with paper or foil, it's time to make a jacket to protect the fossil on its way home. Workers use strips of burlap and dunk them in a mix of plaster and water. They paste these

strips all over the block to make the jacket. Once it dries, it becomes a hard outer case for the fossil.

Step 5: Once the jacket dries, the fossil block is pried off the ground and flipped over. Workers use

crowbars and other tools to break the rock beneath a fossil, and then turn it over. This is the tricky part— since the block is big and heavy, fossils can crack or break off if workers aren't careful. Eep!

Step 6: Once the fossil is out of the ground, workers use more burlap and plaster to seal it up completely. Sometimes diggers also attach pieces of wood and metal bars to the jacket for extra

protection. The fossil's specimen number (see page 17) is written on the jacket so scientists can identify it back at the lab. Now the fossil is all ready to head to its new home.

HOME SWEET HOME

Getting a fossil to the lab is only the beginning of its new life as a scientific discovery. It needs lots of work before it can be studied or put on display. Sneak a peek behind the scenes and get the scoop on what happens in the lab.

Getting Picky

Once the fossil gets back to the lab, workers use an electric saw to carefully cut off the plaster and burlap jacket that was put on in the field. Then workers very carefully remove the matrix around the bones, using tools like dentists' drills or chisels. Removing the rock around a fossil can take a long time, depending on how hard it is and how delicate the bones are. A chemical bath can help dissolve rock that's tough to remove by hand. Sometimes workers need to scrape the matrix off one grain at a time!

OLDER THAN DIRT While it might just look like dirt, workers don't throw away the sediment that they clean off of fossils. Sediment can have clues to when a dino lived and what else lived around it. Sometimes scientists find plant remains that give clues to what kinds might have been around when the dino died.

A worker cleans off an *Eoraptor* (EE-oh-RAP-tore) **skull.**

20

A Prehistoric Puzzle

Fossil bones arrive from the field broken and cracked, or sometimes in pieces. That makes them a real prehistoric puzzle! Workers figure out where the bones go and glue them together as they clean off the rock. They also paint on chemicals to make the bones harder and keep them from chipping.

Double That Dino

Did you know that some of the dino fossils that you see in museums aren't the real thing? Lots of museums use copies of fossil bones in their exhibits, called casts or **replicas** (REP-luh-kuhs). Lab workers use rubber molds and plaster or plastic to make copies of fossil bones.

Dino Dictionary

A *replica* is an exact copy of something.

Why make copies? Sometimes scientists want to put a fossil on display or let people touch it, but the original fossil is too heavy or fragile to use. A cast is much lighter and it's not a huge deal if it's damaged. Scientists might also make a cast if lots of people want to study a fossil, but they can't come and visit it. Since casts are almost as good as the original fossil, the copies are sent to other scientists so they can take a look.

Workers use Lego® blocks to help them make molds for fossils.

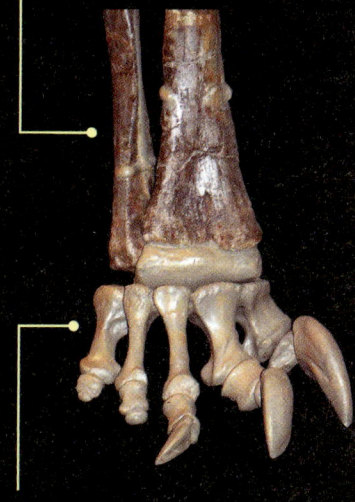

A sauropod foot with real fossil bones and replica bones.

Real fossil bones

Replica bones

BONE STORIES

While a skeleton might look like a pile of bones to you, scientists can tell a ton once a fossil has been cleaned up. Scientists look at the size, shape, and arrangement of bones and teeth to help them figure out what a dino was like when it was alive. They also compare the new fossil to ones in museums and to the bones of living animals, too. Read on and see what kinds stories bones can tell.

Tooth Tales

Tooth from a meat-eating dino

Tooth from a plant-eating dino

Scientists examine the shape of teeth to figure out what a dino ate for dinner. Teeth that are pointy and have a sharp, jagged edge probably belonged to a mean meat-eater. Flat, grinding teeth, or small, leaf-shaped teeth make scientists think that a dino liked a salad for supper.

Leggo My Dino

Scientists measure the length of leg bones to figure out how big a dino was and get an idea of its body shape. A fossil leg bone from a speedy, meat-eating dino would look a whole lot different than a humongous plant-eater's leg, since those two dinos have very different bodies. Scientists also study how bones and joints fit together to figure out how a dino moved. They use computers to make models of how a dino might have walked and run when it was alive.

Leg bone of a plant-eating dino

Leg bone of a meat-eating dino

Calling Doctor Dino

Paleontologists can also tell the kinds of diseases and injuries that a dino had by looking at its skeleton. Since some injuries or illnesses leave lumps or marks on the bones, scientists can get an idea of how healthy a dino was. Missing body parts or tooth marks could mean a dino was someone else's lunch.

Scientists think this *Edmontosaurus* (ed-MON-toe-SOR-uhss) had a bite taken out of its tail by a hungry predator when it was alive.

Close-up of tail

Places Everyone!

Along with looking at fossil skeletons, scientists also study where dino fossils were found and what other fossils were around them. If dinos were found with lots of other fossils of different animals around them, that tells scientists that something big, like a volcanic eruption or flood, killed them. If the dino fossils were in groups, it tells scientists that maybe these dinos lived in groups called herds. If there were eggs and nests found nearby, the dinos were probably laying eggs and caring for their young when they died.

23

Dinos on Display

Now that you know how scientists study fossils, it's time to take these bones to town and let them strut their stuff. How do fossils get from the field to the museum floor? Let's find out!

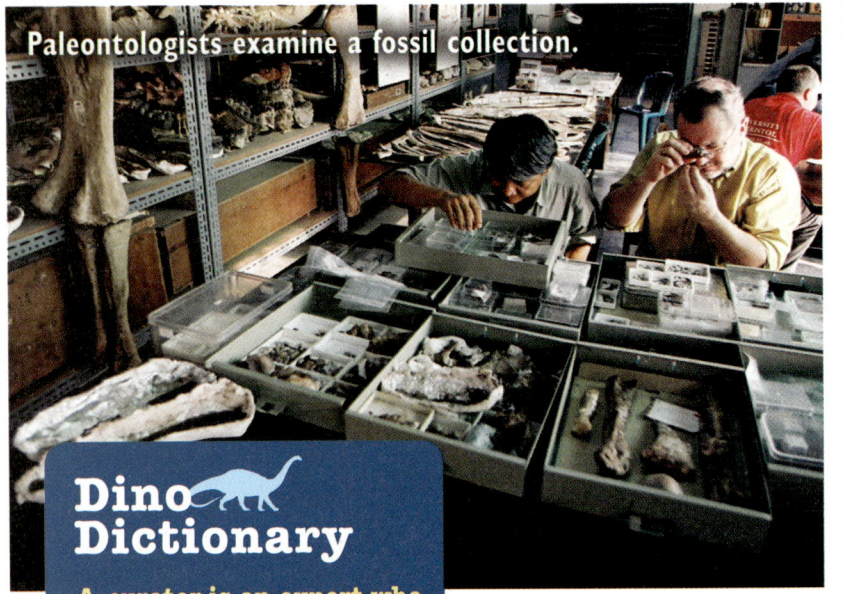
Paleontologists examine a fossil collection.

Dino Dictionary

A *curator* is an expert who works at a museum and chooses what goes into displays called *exhibits*.

Pick Me!

Did you know that the fossils in a museum's **exhibit** (eg-ZIB-it) hall are only a small part of its collection? Most big museums have storage rooms with drawers and drawers jam-packed with fossils. Museum **curators** (CURE-ray-turs) are in charge of deciding what stays on a shelf and what's displayed on a museum floor. They think about what kinds of exhibits would help people learn about dinos and what fossils should be studied further in a lab.

A Stand-Up Job

Have you ever wondered how museums build exhibits like the picture on the next page? This kind of display is called a **free-standing** exhibit, since the skeleton looks like it's standing up on its own.

To make a free-standing exhibit, museum workers carefully plan everything out. They choose a dino fossil to display and measure its bones, and draw pictures, too. Then scientists have to put the skeleton together bone by bone. Workers replace missing parts by using bones from other skeletons, or casts made from plaster or plastic (see page 21).

To make the fossil stand up, wires and metal bars are used to make an **armature** (ARM-uh-chur). An armature is like a metal skeleton for a fossil. It's designed to hold the weight of every bone in the exhibit and keeps the fossil's shape. Workers fit and secure the bones to the armature with screws

A free-standing exhibit of a
Zuniceratops (ZOO-nee-SER-uh-tops).

and metal bands. Sometimes they use cables attached to the ceiling
to help support the fossil, too.

Outstanding!

Dino Drawings

Another way people display dinos is to show what they might have looked
like when they were alive. **Paleoartists** (PAIL-lee-oh-ARE-tists) draw and
sculpt dinosaurs to show them as living animals with skin, muscles, feathers,
and colors. Paleoartists aren't always scientists, but they do study fossils
to figure out what a dino looked like and
what kinds of other plants and animals lived
with it. They also look at today's animals to
get ideas about things that scientists don't
know, like dinos' skin colors. To meet a real
paleoartist, turn to page 30.

Funny Bones

Q: Why was the dino skeleton
always afraid?

A: Because it had no guts!

FANTASTIC FINDS

Now that you know all about fossils, it's time to learn about some famous fossil hunters. Flip through these pages and read about some discoveries that were truly dino-mite!

Go for the Gobi

One of America's greatest fossil hunters was **Roy Chapman Andrews**. Andrews' very first job was mopping floors at the American Museum of Natural History in New York City, but he dreamed of becoming a scientist. Luckily, since Andrews knew a lot about animals and nature, he worked his way up and started doing research in the field. He traveled around the world, collected animals, and took pictures for the museum.

Gobi Desert

Asia

In 1918, Andrews took a break from research and joined the U.S. Navy during World War I. Since he had traveled all around Asia for the museum, he was sent to China and Mongolia as a spy. Andrews was fascinated by the Gobi Desert while he was in Mongolia. He was convinced that this desert wasn't just sand—it was a great fossil-hunting ground with lots of discoveries to dig up. After the war was over, Andrews went back to New York and asked the museum to let him lead a team into the Gobi Desert.

George Olsen (left) and Roy Chapman Andrews (right) examining dino eggs.

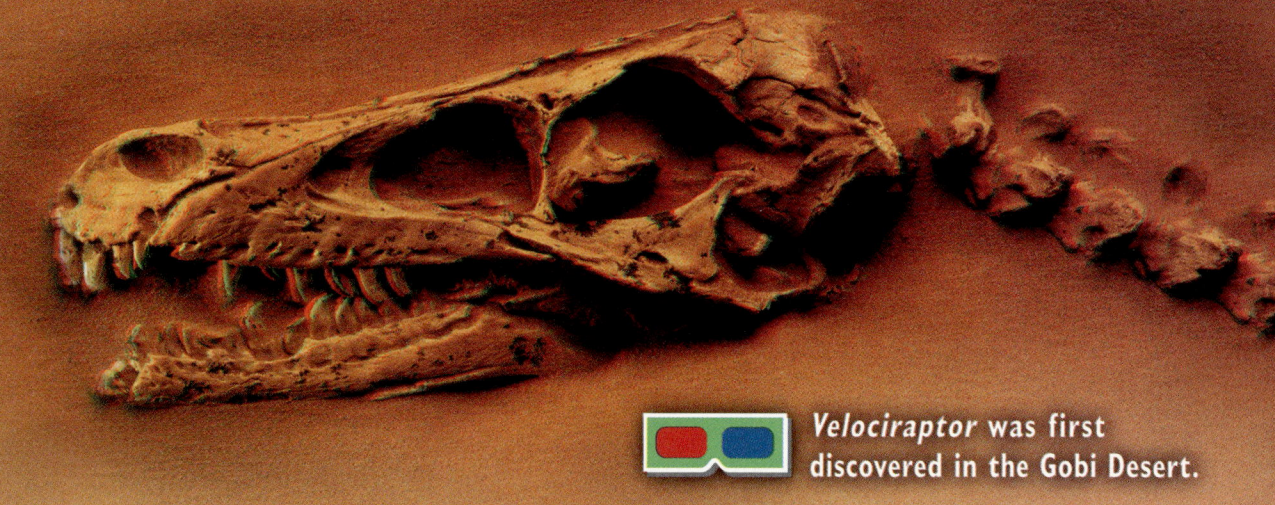

Velociraptor was first discovered in the Gobi Desert.

People thought that Andrews was nuts. Back then, the only fossil that anyone had ever found in the Gobi Desert was a rhinoceros tooth! Plus, the Gobi Desert was a dangerous place. With raging sandstorms, no water, snakes, and thieves, it wasn't going to be an easy trip. Andrews ended up raising money himself to put together a team of scientists. Along with a huge herd of camels carrying supplies and a couple of cars, they set off for the desert.

Desert Discoveries

While other explorers didn't find a single bone in the Gobi Desert, Andrews knew to look in cliffs and rocky outcrops for fossils. Andrews thought he'd find tons of bones from prehistoric humans. That didn't turn out to be true. Instead, he and his team discovered the first dinos ever found in the Gobi Desert. The most famous dinos that the team dug up were from a place Andrews named "The Flaming Cliffs." Here, the team uncovered *Protoceratops* (pro-toe-SER-uh-tops) and *Velociraptor* (vee-LOSS-ih-RAP-tore), and some of the first dino eggs and nests ever found!

DINO DATA

Back in Andrews' day, people weren't really sure how dinos had babies. They suspected that they laid eggs like modern reptiles, but they hadn't been able to prove that any of the fossil eggs they had found were actually dino eggs.

Andrews went on five trips to Mongolia, making lots of amazing discoveries and became a real superstar. Today, scientists still go to the Gobi to look for dino fossils—it's one of the best fossil-hunting grounds in the world.

FOR GOODNESS SNAKE

On one Mongolia expedition, Andrews and his team woke up to find the floors of their tents covered in poisonous snakes. To the snakes, the crew's warm tents seemed like a good place to nap on a chilly desert night. Guess-s-s-s again!

A Monumental Find

In the early 1900s, **Earl Douglass** was a fossil hunter who worked for the Carnegie Museum of Natural History in Pittsburgh, Pennsylvania. Although Douglass wasn't an expert on dinos, the museum had asked him to look for

Earl Douglass on horseback at Douglass Quarry.

something snazzy to put in their brand-new dinosaur exhibit hall. Douglass had been searching for fossils of other animals in Utah in the Uinta Basin, but he knew that the kind of rocks that were found there had turned up dino fossils in other places. So he and the museum's director began to poke around there, looking for dino bones.

In 1909, Douglass was searching the site when he spotted some tailbones sticking out. There was a good chance that the rest of the skeleton was still around, so he started digging. The fossil turned out to be an *Apatosaurus* (uh-PAT-oh-SOR-uhss), a huge plant-eating dino that measured up to 75 feet (23 m) long—longer than two school buses!

Dino Dictionary

A quarry is a place where rocks or fossils are dug up from the ground.

But *Apatosaurus* wasn't the only dino that turned up at the dig site. Douglass started finding bones of lots of other dinos, too. He had found the largest known **quarry** (KWOR-ee) of Jurassic dinos in the United States.

Sounds like he hit the dino jackpot!

Douglass spent many years excavating the site, which was named after him. Since the rock was so hard, Douglass and his crew had to use drills and dynamite to loosen things up. But in the end, all that hard work paid off. Along with *Apatosaurus*, 11 different kinds of dinosaurs were found at Douglass Quarry, including *Diplodocus* (dih-PLOD-oh-kuhss), *Stegosaurus* (STEG-oh-SOR-uhss), and *Allosaurus* (AL-oh-SOR-uhss). Some

of these fossils are the most complete skeletons of these dinos ever found. They can be seen in museums all around the U.S., including the Smithsonian Institution in Washington, D.C., and the Denver Museum of Natural History in Colorado.

By 1910, people had started showing up at Douglass Quarry hoping to sneak a peek at the enormous dinos that were being dug up. The site became so famous that President Woodrow Wilson declared the quarry a national monument in 1915 to protect the fossils found there.

Today you can visit Douglass Quarry, which is part of Dinosaur National Monument. Inside the visitor center is a rock wall that displays over 1400 fossil bones. These bones have been exposed and left in place so that everyone can enjoy the fantastic dino treasures that Douglass first found almost a century ago.

DINO DATA

Scientists think that 150 million years ago, the spot where Douglass dug up that first *Apatosaurus* was once a river. This river flowed through a dry place, so lots of dinos and animals lived around it. Over time, some dinos died and were washed down the river. Their bodies started piling up, and were fossilized over millions of years.

The rock wall with fossil bones at Dinosaur National Monument.

PALEOARTIST

TODD MARSHALL

Meet Todd Marshall, a paleoartist who's been studying and drawing dinos for the last 18 years. Todd's artwork (like the dino on this page) has appeared in many museums around the country, and in tons of books and magazines. Read on to see what it takes to draw dinos from just bare bones!

Q How did you first get into drawing dinosaurs?

A I've always really liked dinosaurs and I've been drawing them for as long as I can remember. I could draw an *Apatosaurus* before I could even write my name!

Q How do you make a dinosaur painting?

A First, I collect as much information as I can on a dino's fossils and study photos of the bones. Then I figure out how I want my painting to look by drawing small sketches of the entire picture. When I have a good idea of how it will look, I start doing separate sketches of all the stuff in the picture, including the dino. Then I scan all the sketches into a computer, and arrange them all together to make one picture sketch. I apply the picture sketch to an illustration board and paint over it. When I'm finished with a painting, I scan it into a computer and it's ready to be sent out.

Todd sketching a dino in his studio.

Q How do you decide what colors to paint your dinosaurs?

A Fossils can also tell us about the kinds of plants and animals that lived with a dino, so we can get a good idea of what a dino's surroundings were like. I study modern animals that live in similar surroundings and look at their color patterns, too. This research helps me to decide how to color a dino.

Q Do you have any advice for kids who want to draw dinosaurs?

A Practice! Drawing everything around you (not just dinos) will help you become a great artist. Study living animals and how their bodies are put together, like how muscles and skin go onto a skeleton. Take art classes and observe nature. Always remember that everyone has their own style and something special to contribute.

SINOSAUROPTERYX

One day in 1994, a farmer in Liaoning, China, split open a rock to find a very well-preserved fossil. The fossil turned out to be **Sinosauropteryx** (SINE-oh-sore-OP-tayr-iks), a small, meat-eating dino that lived 125 million years ago in the Early Cretaceous period.

When scientists examined this chicken-sized dino, they couldn't believe their eyes! Around the fossil were markings in the rock that showed that this dino had a coat of fluffy, hair-like feathers. While scientists have known that dinos and birds were related since **Archaeopteryx** (AR-kee-OP-teh-ricks), they hadn't figured out how dinos got feathers. Plus, until then, feathers had only been found on one kind of animal alive or extinct: birds. Since *Sinosauropteryx* was in a group of dinos that weren't as bird-like as *Velociraptor* and couldn't fly, it showed that dinos probably first evolved feathers to keep warm or to show off to other dinos. Eventually these hair-like feathers evolved into feathers like the ones on modern-day birds for flying.

Feathers make me sneeze!

Sinosauropteryx

MORE DINO ADVENTURES COMING SOON!

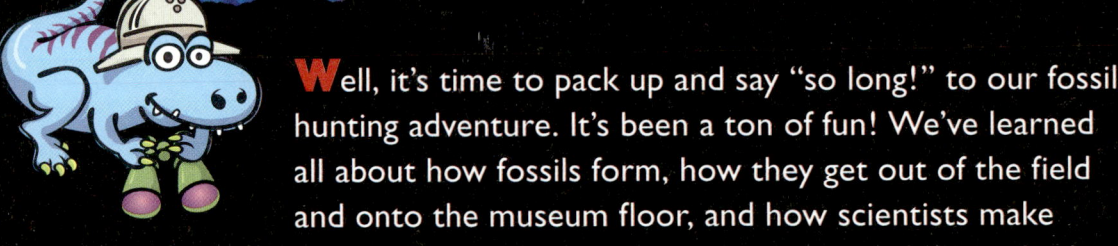

Well, it's time to pack up and say "so long!" to our fossil-hunting adventure. It's been a ton of fun! We've learned all about how fossils form, how they get out of the field and onto the museum floor, and how scientists make dino-riffic discoveries today. But we're not done with dinos yet! Come back for another exciting expedition and find out more reasons why these reptiles really rocked. See you soon!

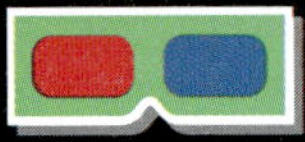

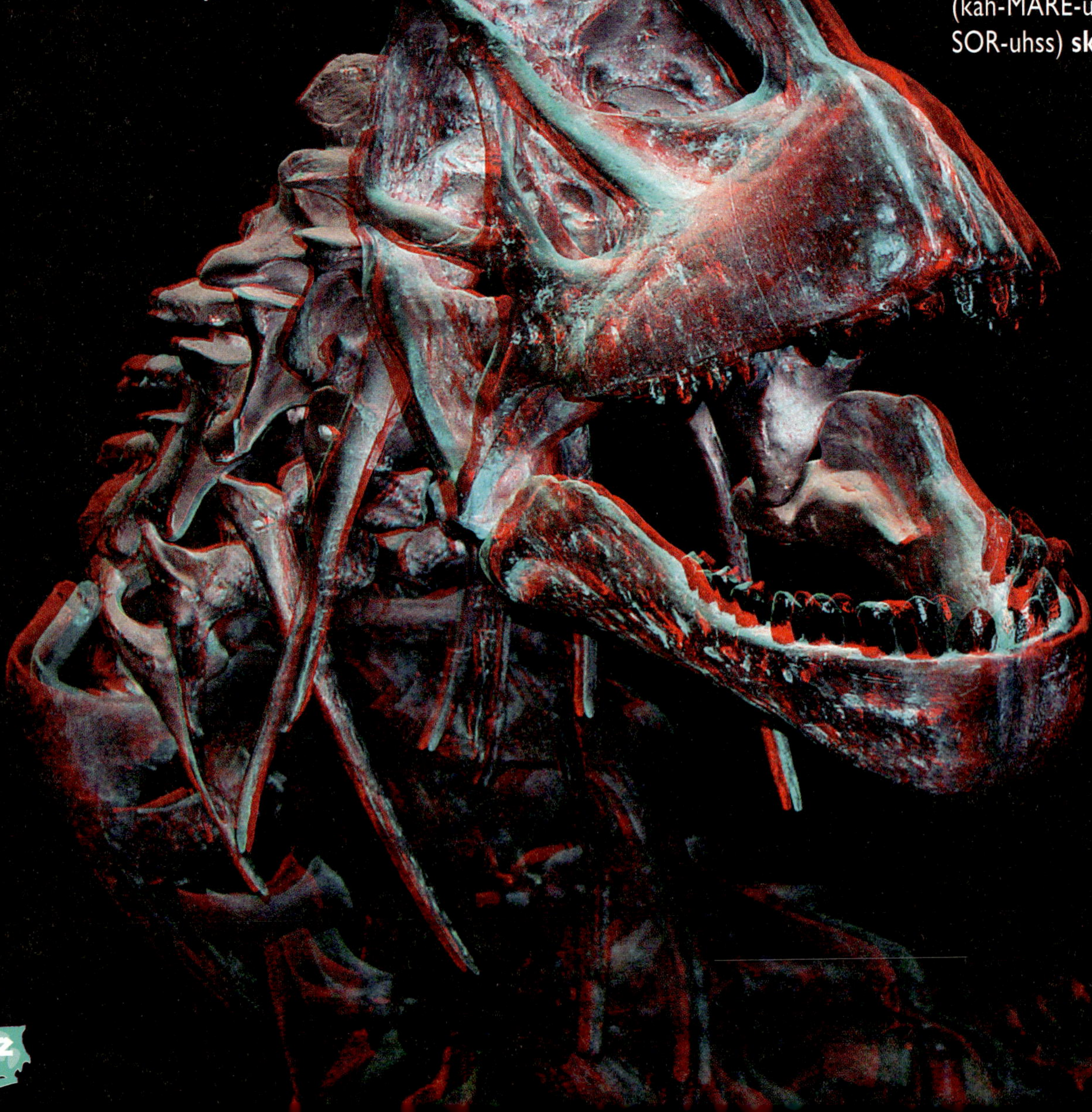

Camarasaurus (kah-MARE-uh-SOR-uhss) **skull**